Walking Dictionary
테마별 일본어 회화

왕초보편

Walking Dictionary
테마별 일본어 회화(왕초보편)

2006년 10월   2일 초판 1쇄 박음
2006년 10월 12일 초판 1쇄 펴냄
2007년   7월 10일 초판 2쇄 펴냄

지은이 국제어학연구소 일본어학부
펴낸이 문혜란
펴낸곳 국제어학연구소
공급처 좋은글

출판등록 1999년 9월 9일 등록 제03-01175
(140-846) 서울특별시 용산구 원효로1가 51-18호
Tel 02·704·0900 Fax 02·703·5117
홈페이지 www.bookcamp.co.kr

편집 문성원
표지 디자인 강윤선
편집 디자인 강윤선 · 성혜현
마케팅 김봉선
제작 조남교
Management 황의권

ISBN 89-5911-046-9 13730

• 가격은 표지 뒷면에 표시되어 있습니다.

Walking Dictionary
테마별 일본어 회화

왕초보편

국제어학연구소

머리말

　외국어 하나쯤 유창하게 해보고 싶은 것이 욕심이지만 뜻대로 되지는 않습니다. 작심삼일로 끝나는 경우도 있겠고, 예전에 잠깐 하다 그만둔 경우, 하고자 하는 마음만 있는 그야말로 유형도 가지각색이겠지요.
　여러분도 아시다시피 일본어는 우리말과 어순이 같은 친숙한 언어입니다. 그야말로 만만한 언어이지요. 그렇지만 일본어는 관용적인 표현도 많고 신조어도 속속 생기는, 시체말로 웃고 들어갔다 울고 나오는 그리 쉽지만은 않은 외국어입니다.
　이 책은 일본어 습득의 난제를 십분 고려, 여러분의 가려운 곳을 긁어주는 충실한 길잡이가 되어드릴 것입니다. 여행이나 비즈니스 상으로 갑자기 일본어가 필요한 분이나 입에서만 뱅뱅 도는 표현들을 일목요연하게 정리하여 회화 실력을 높이고자 하는 분 모두에게 도움이 되도록 했습니다.
　일본문자조차도 모르는 학습자들을 위하여 충실하게 독음을 달아 급한 상황 시에 유용하게 골라 쓸 수 있도록 하였으며, 장면별로 회화를 수록하여 필요한 상황에 따라 사전처럼 이용할 수 있게 하였습니다. 학습자가 부담을 느끼지 않도록 많이 쓰이는 표현들로만 구성하여 학습의 효과를 높이고, 표현 이해에 도움이 되는 해설을 달아 학습서로서의 기능도 갖췄습니다. 또 회화 표현에 필요한 기초적인 문형을 익힐 수 있는 코너를 마련하여 실력 향상에 도움이 되도록 하였습니다.
　필요한 때만 쓰고 내팽개쳐 두는 책이 아닌 두고두고 보는 회화 지침서가 되길 바라며 여러분의 일본어 실력 향상에 일조하는 길잡이가 되기를 바랍니다. 외국어에 왕도는 없다지만 꾸준히 조금씩 나아가다 보면 어느새 앞서가고 있겠지요. 그러기 위해서는 무엇보다 지치지 않고 포기하지 않는 것이 제일 중요하겠습니다. 절대 포기하지 마시고 무리하게도 하지 마시고 조금씩 익혀 보세요. 아무쪼록 여러분께 많은 도움이 되길 바라며 끝으로 책이 나오기까지 물심양면으로 도움을 주신 좋은글 가족 여러분께 감사드립니다.

일러두기

이 책은 일상생활을 15개 정도의 파트로 나누어 장면별로 회화 표현들을 담은 회화서입니다. 그럼 각 코너가 어떤 식으로 구성되어 있고 어떻게 사용하면 좋을지 한번 알아볼까요?

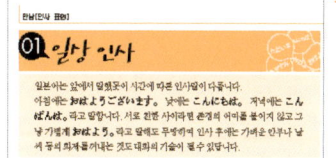

1. 장면별 소개

그 장면에 대한 이해를 돕고 필수적인 표현과 간략하게 문화에 대해 설명하고 있습니다.

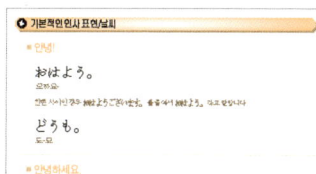

2. 장면별 회화

장면 장면에 맞는 알짜배기 필수 표현들을 수록하였습니다. 회화 표현의 가장 핵심이 되는 부분이므로 반복해서 연습하세요.

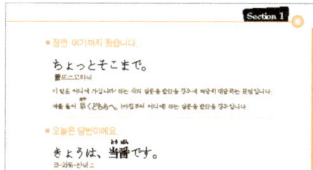

3. 어구 해설

간단한 해설을 덧붙여 학습에 도움이 되도록 하였습니다. 표현 설명이나 관련 어구들로 이루어져 있습니다.

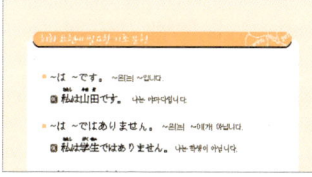

4. 회화에 필요한 기초 문형

일본어 지식이 전혀 없는 학습자들로서는 쉬운 표현조차도 무겁게 느껴지기 마련입니다. 쉬운 기초표현부터 익힐 수 있도록 배려한 코너입니다.

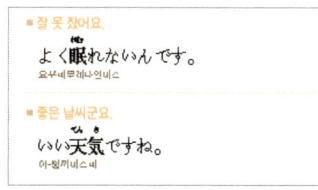

5. 문자를 몰라도 된다!!
충실하게 독음을 달았습니다.

급하게 일본어를 필요로 하시는 분들을 위하여 사전 지식이 없어도 말을 구사할 수 있도록 충실하게 독음을 달았습니다. 물론 학습서로 이용하고자 하시는 분들께서는 될 수 있는 대로 이 독음을 배제하고 학습하시기 바랍니다.

Contents

머리말 • 4
일러두기 • 5
차례 • 6

Part 1 만남(인사 표현)

01 일상 인사 • 14
1. 기본적인 인사 표현/날씨 • 14

02 첫 대면 할 때 • 18
1. 첫인사 • 18 | 2. 통성명할 때 • 21
3. 알고 있던 상대를 만났을 때 • 23
4. 주소나 연락처를 물을 때 • 25 | 5. 명함을 교환할 때 • 27

03 자신을 소개할 때 • 29
1. 자기 소개를 할 때 • 29 | 2. 직업·직함을 말할 때 • 31
3. 자세히 소개할 때 • 33

04 타인을 소개할 때 • 35

05 근황을 물어볼 때 • 37
1. 근황을 물어볼 때 • 37

06 오랜만에 만났을 때 • 41
1. 오랜만에 만났을 때 • 41 | 2. 반가움 • 42 | 3. 안부 • 43

07 작별 인사를 할 때 • 45
1. 헤어질 때 • 45 | 2. 작별의 시간 • 46 | 3. 즐거운 시간 • 48
4. 다시 만날 것을 기약할 때 • 49 | 5. 전송할 때 • 51
• 회화 표현에 필요한 기초 문형 • 52

Part 2 감정 표현

01 기쁨·즐거움 • 54
02 슬픔 • 56
03 노여움 • 58
04 실망 • 60
05 두려움 • 62
06 놀라움 • 64

07 **난처함** • 66
08 **기타** • 68
   1. 부끄러움 • 68 | 2. 불만 • 69 | 3. 후회 • 70 | 4. 비난 • 71
   • 회화 표현에 필요한 기초 문형 • 72

Part 3 이성 교제

01 **결혼에 대한 생각, 이상형** • 74
   1. 질문 • 74 | 2. 이상형 • 76
02 **데이트 신청** • 77
03 **사랑** • 79
04 **프로포즈** • 81
05 **이별** • 83

Part 4 사교

01 **초대** • 86
   1. 초대할 때 • 86 | 2. 초대에 응할 때 • 87
   3. 초대를 거절하거나 미룰 때 • 89
02 **방문** • 91
   1. 손님을 맞이할 때 • 91 | 2. 주인에게 인사할 때 • 93
   3. 식사 • 94 | 4. 자리에서 일어날 때 • 96
03 **접대** • 98
   1. 제의 • 98 | 2. 접대 • 99 | 3. 인사 • 101

Part 5 대화의 기술

01 **대화를 시작하려 할 때** • 104
02 **칭찬을 할 때** • 106
03 **축하·축복을 할 때** • 108
   1. 축하 • 108 | 2. 축복 • 109 | 3. 답변 • 110

04 **감사를 할 때** • 111
05 **의뢰 · 제안** • 113
06 **사과를 할 때** • 115
07 **맞장구** • 118
08 **되물음** • 121
    1. 되물음 • 121 | 2. 이해 여부 • 122
    3. 모르겠을 때 • 122 | 4. 요구 사항 • 123
09 **격려 · 위로 · 병문안 · 조문** • 124
    1. 격려 • 124 | 2. 위로 • 125 | 3. 병문안 • 125 | 4. 조문 • 126

Part 6 화젯거리

01 **화제 제시** • 128
02 **가족** • 129
    1. 가족 • 129 | 2. 동거인 • 130
03 **학교** • 132
    1. 출신 학교 • 132 | 2. 전공 • 133 | 3. 기타 • 134
04 **성격** • 136
05 **장래 희망** • 138
06 **직장** • 140
    1. 직업 • 140 | 2. 기타 • 141
07 **건강** • 144
    1. 건강 여부 • 144 | 2. 운동 • 145
08 **취미** • 147
09 **날씨** • 149
    1. 일기예보 • 149 | 2. 맑은 날씨 • 150
    3. 흐린 날씨 • 150 | 4. 눈 · 비 • 151 | 5. 기타 • 152
10 **계절** • 153

Part 7 숫자

01 **숫자** • 156

　　　　1. 수 • 156 | 2. 조수사 • 158 | 3. 분수 • 176
　　　　4. 소수 • 176 | 5. 서수 • 176
- 02 **시간** • 177
- 03 **날짜** • 181
- 04 **요일** • 183
- 05 **생년월일** • 185
  - 회화 표현에 필요한 기초 문형 • 188

Part 8　전화

- 01 **전화를 걸 때** • 190
- 02 **전화를 받을 때** • 193
- 03 **전화를 끊을 때** • 197
- 04 **메모를 남길 때** • 199
- 05 **잘못 걸린 전화** • 203
- 06 **통화중, 부재중** • 205
- 07 **휴대폰** • 211
- 08 **자동응답기** • 213
- 09 **국제전화** • 216
- 10 **팩스** • 220
  - 회화 표현에 필요한 기초 문형 • 222

Part 9　쇼핑

- 01 **매장에 들어설 때** • 224
- 02 **매장의 위치를 물을 때** • 226
- 03 **구경만 하고자 할 때** • 228
- 04 **찾는 물건을 말할 때** • 229
  1. 찾는 물건을 말할 때 • 229 | 2. 사이즈 • 231
  3. 디자인, 색, 세탁 방법 • 232 | 4. 상품 결정 • 234
- 05 **계산할 때** • 236
- 06 **포장, 배달** • 239

07 **교환** • 241
　　1. 교환 • 241 ｜ 2. 옷가게 • 242 ｜ 3. 제화점 • 243
　　4. 전자제품점 • 244 ｜ 5. 과일가게 • 245 ｜ 6. 제과점 • 246
　　7. 보석점 • 247

Part 10　*일상생활*

01 **이사(부동산)** • 250
　　1. 물건을 찾을 때 • 250 ｜ 2. 조건을 말할 때 • 252
02 **이삿짐센터** • 255
03 **관공서** • 257
　　1. 전입 • 257 ｜ 2. 외국인 등록 • 258
04 **학교** • 259
　　1. 학교 선택 • 259 ｜ 2. 테스트 • 261 ｜ 3. 입학 수속 • 262
05 **은행** • 264
　　1. 계좌 개설 • 264 ｜ 2. 송금 • 266 ｜ 3. 기타 업무 • 266
06 **우체국** • 268
　　1. 우체국에서 • 268 ｜ 2. 우편 업무 • 269 ｜ 3. 경조문 • 271
07 **이용 · 미용** • 272
　　1. 이발소 • 272 ｜ 2. 미용실 • 274 ｜ 3. 스타일 • 275
08 **세탁소** • 277
　　1. 세탁 • 277 ｜ 2. 수선 • 279 ｜ 3. 찾을 때 • 280
09 **주유소 · 카센터** • 281
　　1. 주유소 • 281 ｜ 2. 카센터 • 283

Part 11　*식당*

01 **식사 제의** • 286
02 **예약** • 289
03 **식당 입구** • 292

1. 예약 확인 · 292 | 2. 자리 배정 · 293

04 **메뉴** ·296
05 **주문** ·299
06 **요구 사항·불만** ·302

1. 요구사항 · 302 | 2. 불만 · 304

07 **평가** ·306
08 **식사 중 담소** ·308

1. 기호 · 308 | 2. 습관 · 309

09 **술집** ·311
10 **계산** ·313

● 회화 표현에 필요한 기초 문형 · 316

Part 12 긴급상황

01 **사고** ·318

1. 언어소통이 되지 않을 때 · 318 | 2. 사고 발생 · 320

02 **분실** ·324
03 **도난** ·327
04 **질병(병원·약국)** ·330

1. 진료 접수 · 330 | 2. 진찰 · 331 | 3. 내과 · 333
4. 외과 · 334 | 5. 이비인후과 · 336 | 6. 치과 · 337
7. 안과 · 339 | 8. 피부과 · 340 | 9. 산부인과 · 342
10. 처방 · 343 | 11. 약국 · 345

05 **지진, 화재** ·347

Part 13 직장생활

01 **구직** ·350
02 **면접** ·352

1. 질문 · 352 | 2. 답변 · 355

03 아르바이트 •358
- 회화 표현에 필요한 기초 문형 •360

Part 14 비즈니스

01 회사 방문 •362
02 회사 소개 •365
03 상담 •370
04 가격 논의 •376
05 계약 •382
06 주문 •386
07 클레임 •392

Part 15 여행

01 공항에서 •398
1. 비행기 예약 •398 | 2. 탑승 수속 •400 | 3. 수화물 •401
4. 기내에서 •403 | 5. 입국 심사 •404
6. 면세점 •406 | 7. 환전 •407

02 관광 안내소 •409
03 관광 •411
04 사진 촬영 •413
05 길 안내 •416
1. 길을 물어볼 때 •416 | 2. 길을 가르쳐 줄 때 •418

06 대중교통 •421
1. 지하철, 전철 •421 | 2. 버스 •424 | 3. 택시 •427
4. 렌터카 •431

07 숙박 •435
1. 호텔/예약 •435 | 2. 체크인 •438 | 3. 요구 사항 •439
4. 체크아웃 •443 | 5. 여관 •445

01

만남 (인사 표현)

세상 살아가는 데 있어 만남과 헤어짐은 피해갈 래야 피해 갈 수 없는 과정이라고 볼 수 있겠죠!? 설레는 첫 만남에서부터 아쉬운 작별인사까지 한 번 공부해 볼까요!? 기본적인 인사말과 더불어 자 신만의 대화를 준비해 보세요. 한결 일본인과의 만남이 즐거워질 것 같습니다.

만남(인사 표현)

01 일상 인사

일본어는 앞에서 말했듯이 시간에 따른 인사말이 다릅니다.
아침에는 おはようございます。 낮에는 こんにちは。 저녁에는 こんばんは。라고 말합니다. 서로 친한 사이라면 존경의 어미를 붙이지 않고 그냥 가볍게 おはよう。라고 말해도 무방하며 인사 후에는 가벼운 안부나 날씨 등의 화제를 꺼내는 것도 대화의 기술이 될 수 있답니다.

기본적인 인사 표현/날씨

■ 안녕!

おはよう。
오하요-

친한 사이인 경우 おはようございます。를 줄여서 おはよう。라고 말합니다.

どうも。
도-모

■ 안녕하세요.

おはようございます。 (아침)
오하요-고자이마스

こんにちは。 (낮)
콘니찌와

こんばんは。 (저녁)
콤방와

■ 잘 자.

おやすみ。
오야스미

Section 1

■ 안녕히 주무세요.

おやすみなさい。
오야스미나사이

■ 안녕히 계세요.(가세요)

さようなら。
사요-나라

■ 다녀오겠습니다.

いってきます。
잇떼키마스

いってきます。의 정중한 말은 いってまいります。입니다.

■ 다녀오세요.

いってらっしゃい。
잇떼랏샤이

■ 다녀왔습니다.

ただいま。
타다이마

■ 어서 와.

お帰りなさい。
오까에리나사이

기본인사 뒤의 가벼운 날씨 얘기나 관심은 상대방과의 대화에 윤활유가 된답니다.

■ 기분 좋은 아침이군요.

気持ちのいい朝ですね。
키모찌노이-아사데스네

만남(인사 표현)

- 아침부터 무척 덥군요.

 朝からむしあついですね。
 아사까라무시아쯔이데스네

- 잘 잤어요?

 よく眠れましたか。
 요꾸네무레마시따까

- 기분은 어떠세요?

 ごきげんいかがですか。
 고끼겡이까가데스까

- 푹 쉬셨어요?

 ぐっすり休めましたか。
 굿스리야스메마시따까

- 아침 운동인가요?

 朝の運動ですか。
 아사노운도-데스까

- 오늘은 빠르군요.

 きょうは早いですね。
 쿄-와하야이데스네

- 늦군요.

 遅いですね。
 오소이데스네

Section 1

■ 잠깐, 여기까지 왔습니다.

ちょっとそこまで。
춋또소꼬마데

이 말은 어디에 가십니까? 라는 식의 질문을 받았을 경우에 적당히 대답하는 표현입니다.
예를 들어 早(はや)くどちらへ。(아침부터 어디에) 라는 질문을 받았을 경우입니다.

■ 오늘은 당번이에요.

きょうは、当番(とうばん)です。
쿄-와토-반데스

■ 예, 덕분에 잘 잤어요.

はい、おかげさまで。
하이, 오까게사마데

인사 시 상대방에게 보여줄 수 있는 예의입니다. おかげさまで。를 줄여서 おかげで。라고도 말합니다.

■ 덕분에 기분 좋게 잤어요.

おかげさまで。気持(きもち)よく眠(ねむ)れました。
오까게사마데, 키모찌요꾸네무레마시따

■ 잘 못 잤어요.

よく眠(ねむ)れないんです。
요꾸네무레나인데스

■ 좋은 날씨군요.

いい天気(てんき)ですね。
이-뗑끼데스네

만남(인사 표현)

상대방과 첫대면을 할 때는 はじめまして。라고 하면 됩니다. 우리말로 처음 뵙겠습니다라는 뜻이지요. 외워두고 사용하면 유용한 말이 되겠죠!? 첫만남은 역시 긴장되는 법, 자신의 이름과 함께 잘 부탁한다는 표현까지 덧붙여 보세요.

첫인사

첫 만남은 상대방에게 자신을 알리는 중요한 계기가 됩니다. はじめまして。라고 인사를 건네보세요.

■ 처음 뵙겠습니다.

はじめまして。
하지메마시떼

■ 처음 뵙겠습니다. 나카무라입니다

はじめまして、中村と申します。
하지메마시떼 나까무라또모-시마스

이름을 말할 때는 성이나 이름 뒤에 ~と申します。(~라고 (말)합니다.)라고 하면 됩니다.

■ 잘 부탁합니다.

どうぞよろしく。
도-조요로시꾸

■ 잘 부탁드립니다.

どうぞよろしくお願いします。
도-조요로시꾸오네가이시마스

■ 만나서 반가워요.
会ってうれしいね。
앗떼우레시-네

■ 만나서 반갑습니다.
お会いできてうれしいです。
오아이데끼떼우레시-데스

~てうれしいです。(~서 반갑습니다.) 이 간단한 표현으로 상대방에 대한 좋은 느낌을 전할 수가 있겠죠. 꼭 외워 두고 사용하세요.

■ 만나서 반갑습니다.
お会いしてうれしいです。
오아이시떼우레시-데스

■ 당신을 만나게 되어 기쁩니다.
あなたにお会いしたのが嬉しいです。
아나따니오아이시따노가우레시-데스

■ 만나 뵙게 되어 영광입니다.
お会いできて光栄です。
오아이데끼떼코-에-데스

■ 제가 오히려 반갑습니다.
こちらこそお会いできてうれしいです。
코찌라꼬소오아이데끼떼우레시-데스

どうぞよろしく。(잘 부탁합니다.) 에 대한 답변 시 사용하면 됩니다.
わたし(나, 저)라는 말이 아닌 こちら를 쓴 점에 유의 하세요.

만남(인사 표현)

■ 저 역시 잘 부탁드려요.

こちらこそ。
코찌라꼬소
こちらこそどうぞよろしく。를 줄여서 こちらこそ。라고 해도 무방합니다.

■ 잘 부탁드립니다.

どうぞよろしく。
도-조요로시꾸

■ 저야말로 잘 부탁드립니다.

こちらこそよろしくお願いします。
코찌라꼬소요로시꾸오네가이시마스

■ 처음 뵙겠습니다. 잘 부탁드립니다.

はじめまして。 どうぞよろしく。
하지메마시떼 도-조요로시꾸

■ 처음 만나는 겁니다.

初対面です。
쇼따이멘데스

■ 처음 만나는 것 같군요.

初めてお会いしますね。
하지메떼오아이시마스네

■ 좋은 친구가 되었으면 합니다.

いい友だちになれたらと思います。
이-토모다찌니나레따라또오모이마스

~たらと思います (~했으면 합니다)

■ 그와는 본 적이 없습니다.
彼とは面識がありません。
카레또와멘시끼가아리마셍

🔵 통성명할 때

자신의 이름을 말할 때는 ~ともうします。(~라고 합니다)라는 표현을 씁니다. 그냥 간단하게 ~です(입니다)라고 해도 무방! 名前라는 단어 앞에 お를 붙여 존경 의미를 담습니다. 꼭 알아야 될 기본 표현은 お名前は何ですか。자기 이름을 말할 때는 お를 붙이면 안 되겠죠!

■ 성함은?
お名前は。
오나마에와

■ 실례지만, 성함은?
失礼ですが、お名前は。
시쯔레-데스가 오나마에와

■ 당신의 이름은 무엇입니까?
あなたの名前は何ですか。
아나따노나마에와난데스까

■ 성함이 어떻게 되십니까?
お名前は何とおっしゃいますか。
오나마에와난또옷샤이마스까

おっしゃいますか는いいますか。(말합니까?) 의 존경어입니다.

만남(인사 표현)

■ 성함은 뭐라고 합니까?

お名前は何といいますか。

오나마에와난또이-마스까

■ 성함을 가르쳐 주시겠습니까?

お名前を教えてくださいませんか。

오나마에오오시에떼구다사이마셍까

■ 성함을 여쭤봐도 될까요?

お名前をお伺いしてもよろしいでしょうか。

오나마에오오우까가이시떼모요로시-데쇼-까

■ 이 이름은 한국어로 어떻게 읽습니까?

このお名前は韓国語でどう読むんですか。

코노오나마에와캉꼬꾸고데도-요문데스까

■ 성은 뭐라고 합니까?

名字は何といいますか。

묘-지와난또이-마스까

■ 성함은 한자로 어떻게 씁니까?

お名前は漢字でどう書きますか。

오나마에와칸지데도-카끼마스까

■ 흔한 이름입니까?

よくある名前ですか。

요꾸아루나마에데스까

Section 1

■ ~씨가 어느 분입니까?

~さんはどなたですか。
~산와도나따데스까

일본어는 한국어로 '~가' 라고 한다고 해서 '~が' 라고 표현하지는 않습니다. ~は라는 조사를 쓰는 점에 유의 하세요.

예 これは何ですか。이게 뭡니까?

私の名前は金貞珉です。 내 이름은 김정민입니다.

알고 있던 상대를 만났을 때

상대방에 대한 호의나 만남의 기쁨을 최대한 표현해 주면 당신에게 호감을 가질 수 있겠죠!
お会いしたいと思っておりました。 (만나 뵙고 싶었습니다.)

■ 이전부터 뵙고 싶었습니다.

以前からお目にかかりたいと思っていました。
이젱까라오메니카까리따이또오못떼이마시따

お目にかかる는 会う의 존경어입니다.

■ 말씀 많이 들었습니다.

お話は伺っております。
오하나시와우까갓떼오리마스

■ 꼭 한 번 만나 뵙고 싶었습니다.

是非一度、お会いしたいと思っておりました。
제히이찌도 오아이시따이또오못떼오리마시따

お+ 동사의 ます 형+する 는 자기자신의 행동을 낮춰 상대방을 높이는 겸양표현입니다.

만남(인사 표현)

- 전부터 꼭 한 번 만나 뵙고 싶었습니다.

  前々から、お会いしたいと思っておりました。

  마에마에까라 오아이시따이또오못떼오리마시따

- 김씨 얘기를 많이 하더군요.

  金さんのことをよく話していましたよ。

  키무산노코또오요꾸하나시떼이마시따요

- 성함은 잘 알고 있습니다.

  お名前はよく存じ上げております。

  오나마에와요꾸존지아게떼오리마스

- 만나 뵙고 얘기 할 수 있는 것을 매우 기쁘게 생각합니다.

  お会いして話ができるのをたいへんうれしく思います。

  오아이시떼하나시가데끼루노오타이헹우레시꾸오모이마스

- 좋은 분이라고 하더군요.

  いい人だって言ってましたよ。

  이-히또닷떼잇떼마시따요

- 만나 뵙고 얘기할 수 있는 기회를 얻은 것을 기쁘게 생각합니다.

  お会いしてお話できる機会を得ましたことをうれしく思います。

  오아이시떼오하나시데끼루키까이오에마시따코또오우레시꾸오모이마스

Section 1

■ 만나뵐 날을 고대하고 있었습니다.

お会いできる日を待っていました。

오아이데끼루히오맛떼이마시따

■ 소문은 전부터 듣고 있었습니다.

うわさは前々からうけたまわっておりました。

우와사와마에마에까라우께따마왓떼오리마시따

일본어는 한자가 중복돼서 쓰일 경우 々 를 사용한답니다.

■ 좋은 얘기만 들으셨다면 좋겠습니다만….

いいことばかりであればいいのですが…。

이-코또바까리데아레바이-노데스가

주소나 연락처를 물을 때

どちらにお住まいですか。 (어디에 사십니까?)
お住まいは何ですか。 (사시는 곳이 어디입니까?) 라는 표현을 기본으로 외워 두세요.

■ 이제부터라도 서로 연락하죠.

これからも連絡をとり合いましょうね。

코레까라모렌라꾸오토리아이마쇼-네

■ 어디에 사십니까?

どちらにお住まいですか。

도찌라니오스마이데스까

만남(인사 표현)

■ 어떻게 연락해야 합니까?

どうしたら連絡がつきますか。

도-시따라렌라꾸가츠끼마스까

連絡がつく。연락이 닿다, 되다라는 표현입니다.

■ 어디에 살고 계십니까?

どこに住んでいらっしゃいますか。

도꼬니슨데이랏샤이마스까

■ 죄송하지만 연락처를 가르쳐 주십시오.

すみませんが、連絡先を教えてください。

스미마셍가 렌라꾸사끼오오시에떼구다사이

連絡先 연락처

■ 주소를 가르쳐 주시겠습니까?

ご住所を教えていただけますか。

고쥬-쇼오오시에떼이따다께마스까

ご住所 주소, 한자어 앞에는 お가 아닌 ご를 붙입니다.

■ 전화번호를 가르쳐 주시겠습니까?

電話番号を教えていただけますか。

뎅와방고-오오시에떼이따다께마스까

■ 댁의 전화번호는 몇 번입니까?

お宅の電話番号は何番ですか。

오따꾸노뎅와방고-와남반데스까

Section 1

◐ 명함을 교환할 때

일본인은 명함을 주고받는 경우가 많은 데 거기에도 분명 예절이 있습니다.
명함을 아무렇게 집어넣어서도 안되고 상대방에게 소중하게 여긴다는 인상을 줘야 합니다.
이건 물론 일본인에게만 해당되는 건 아니겠죠.

名刺をどうぞ。(제 명함을 받아주세요)

名刺を切らしております。(명함이 다 떨어졌습니다.)

■ 명함을 주실 수 있습니까?

お名刺をちょうだいできますか。

오메-시오쵸-다이데끼마스까

■ 명함을 한 장 주시겠어요?

名刺を一枚いただけますか。

메-시오이찌마이이따다께마스까

■ 명함입니다. 받으세요.

名刺です、どうぞ。

메-시데스 도-조

■ 이건 제 명함입니다.

これは私の名刺です。

코레와와따시노메-시데스

■ 감사합니다. 제 명함입니다.

どうも、私のです。

도-모 와따시노데스

만남(인사 표현)

■ 명함이 멋있군요.

素敵な名刺ですね。
스떼끼나메-시데스네

■ 미안합니다만, 명함이 다 떨어졌습니다.

すみませんが、あいにく名刺を切らしております。
스미마셍가 아이니꾸메-시오키라시떼오리마스

名刺を切らしております。(명함이 다 떨어졌습니다.)
많이 쓰이는 표현이니까 잘 익혀 두세요.

만남(인사 표현)

03 자신을 소개할 때

자신을 소개할 때는 자신감을 잃지 말고 당당하게 그렇지만 부드러움을 앞세워 다 아시죠!? 이름이나 성 뒤에 もうします 또는 です를 붙이면 됩니다.

私の紹介をします。
金ともうします。(金です。)
제 소개를 하겠습니다.
김이라고 합니다.(김입니다.)

자기 소개를 할 때

자신을 소개하는 것은 내 자신의 이미지를 전달하는 것과 같은 일입니다. 너무 딱딱하지 않게 부드럽게 대해 보세요. 상대방도 마음의 문을 열고 맞이해 줄 것입니다. 자신을 소개한 뒤에 한마디 덧붙여주면 좋겠죠!? どうぞよろしく。(잘 부탁합니다.)

■ 제 소개를 하겠습니다.

私の紹介をします。

와따시노쇼-까이오시마스

■ 제 소개를 하겠습니다. 김입니다.

わたし自身を紹介します。 金と申します。

와따시지싱오쇼-까이시마스 키무또모-시마스

■ 제 소개를 해도 되겠습니까?

私のご紹介をさせていただいてもよろしいでしょうか。

와따시노고쇼-까이오사세떼이따다이떼모요로시-데쇼-까

29

만남(인사 표현)

- **저를 소개하려고 합니다. 나카무라타로입니다.**

  私のことを紹介しようと思います。中村太郎です。

  와따시노코또오쇼-까이시요-또오모이마스 나까무라타로-데스

- **나카무라가 성, 타로가 이름입니다.**

  中村が名字、太郎が名前です。

  나까무라가묘-지 타로-가나마에데스

- **흔히 있는 성입니다.**

  よくある姓です。

  요꾸아루세-데스

  よくある 자주 있다. 그러니까 흔하다는 의미입니다.

- **그다지 많지 않은 성입니다.**

  それほど多くない姓です。

  소레호도오-꾸나이세-데스

- **같은 성이 많아서 이름을 부를 때는 성명으로 부릅니다.**

  同姓が多いので、名前を呼ぶ時にはフルネームで呼びます。

  도-세-가오-이노데 나마에오요부토끼니와후루네-무데요비마스

Section 1

● 직업 · 직함을 말할 때

여러 직업과 직함에 관한 표현이 나옵니다. 하나만 살펴 볼까요!?
私は公務員です。(저는 공무원입니다.)
~に勤ています。(~에 근무하고 있습니다.)
라는 문형을 이용하면 간단히 여러 가지 표현을 할 수 있습니다.

■ 판매과의 야마다입니다.
販売課の山田と申します。
함바이까노야마다또모-시마스

■ 무역 회사에 근무하고 있습니다.
貿易会社に勤めています。
보-에끼가이샤니츠또메떼이마스

■ 10년 정도 자동차 판매에 종사해 왔습니다.
10年ほど自動車の販売に携わってきました。
쥬-넨호도지도-샤노함바이니타즈사왓떼키마시따

■ 상업에 종사하고 있습니다.
商売に携わっています。
쇼-바이니타즈사왓떼이마스

■ 시청에 근무하고 있습니다.
市役所に勤めています。
시야꾸쇼니츠또메떼이마스

市役所 시청   区役所 구청

만남(인사 표현)

- 지금 회사에 10년 가까이 근무하고 있습니다.

  今の会社に10年近く勤ています。

  이마노카이샤니쥬-넹치까꾸쯔또메떼이마스

- 작은 회사에 근무하고 있습니다.

  小さな会社に勤ています。

  치-사나카이샤니츠또메떼이마스

- 저는 공무원입니다.

  私は公務員です。

  와따시와코-무인데스

- 저는 회사원입니다.

  私は会社員です。

  와따시와카이샤인데스

- 저는 무역 관계의 일을 하고 있습니다.

  私は 貿易関係の仕事をしています。

  와따시와보-에끼칸께-노시고또오시떼이마스

- 저는 자영업자입니다.

  私は自営業を営んでいます。

  와따시지에-교-오이또난데이마스

- 아르바이트를 하고 있습니다.

  アルバイトをしています。

  아루바이또오시떼이마스

Section 1

● 자세히 소개할 때

소속, 고향, 전공, 직업 등의 다양한 화제에 관해 얘기할 수 있겠죠.

■ 저는 대학에 다니고 있습니다.
私は大学に通っています。
와따시와다이가꾸니카욧떼이마스

大学に通っています。(대학에 다니고 있습니다.)
다른 표현으로는 大学へ行っています。가 있습니다.

■ 저는 제주도 출신입니다.
私はチェジュドの出身です。
와따시와체쥬도노슛신데스

■ 한국에서 왔습니다.
韓国から来ました。
캉꼬꾸까라키마시따

~から 来る ~에서 오다.

■ 어학 연수 하러 왔습니다.
語学研修で来ました。
고가꾸켄슈-데키마시따

■ 일본에 온 지 반년이 됩니다.
日本に来て半年になります。
니혼니키떼한또시니나리마스

33

| 만남(인사 표현)

■ 대학에서 일본어를 전공했습니다.
大学で日本語を専攻しました。
다이가꾸데니홍고오셍꼬-시마시따

■ 무역 관계의 일을 하고 있습니다.
貿易関係の仕事をしています。
보-에끼칸께-노시고또오시떼이마스

■ 일본에서는 경제학을 공부하고 있습니다.
日本では、経済学を勉強しています。
니혼데와 케-자이가꾸오벵꾜-시떼이마스

■ 키무라타쿠야를 좋아해서 일본어 공부를 하게 되었습니다.
木村拓哉が好きになってにほんごを勉強するようになりました。
키무라따꾸야가스끼니낫떼니홍고오벵꾜-스루요-니나리마시따

~ようになる ~하게 되다.

만남(인사 표현)

04 타인을 소개할 때

누군가를 소개한다는 것이 쉬운 일은 아니지만 여기에도 원칙이 있답니다. 동성일 경우에는 아랫사람을 윗사람에게, 이성일 경우에는 남성을 여성에게 소개하는 것이 원칙이랍니다. 그러니까 높으신 어르신과 여성(?)께 아랫사람을 소개한다면 맞겠군요. 또한 나와의 관계를 밝혀주는 것도 좋습니다.

友人の(친구인), 同僚の(동료인)
~さん, ~さんを紹介します。
~씨, ~씨를 소개하겠습니다.

● 타인을 소개할 때

■ ~씨를 소개하겠습니다.

　~さんを紹介しましょう。
　~상오쇼-까이시마쇼-

■ 제 친구를 소개해 드리지요.

　私の友達を紹介しておきましょう。
　와따시노토모다찌오쇼-까이시떼오끼마쇼-

■ 제 친구를 소개하겠습니다.

　私の友達を紹介します。
　와따시노토모다찌오쇼-까이시마스

■ 이쪽은 다나카씨입니다.

　こちらは田中さんです。

　코찌라와타나까산데스

　소개할 때 대상은 보통 こちら로 표현합니다.

만남(인사 표현)

- 사토씨, 이쪽은 제 친구인 김씨입니다.

佐藤さん、こちらは私の友人の金さんです。

사또-상 코찌라와와따시노유-진노키무산데스

만남(인사 표현)

05 근황을 물어볼 때

우리가 너무나도 잘 알고 있는 그 유명한 お元気ですか。를 써 보세요.
뜻은 잘 지내십니까? 정도로 해석할 수 있겠구요!!

또한 아랫사람이나 스스럼없는 사이라면 가볍게 元気? 라고 해도 무방하답니다.

근황을 물어볼 때

상대방에 대한 관심을, 진심을 담아 전해 보세요.

■ 잘 지냈어?
元気にしてた。
겡끼니시떼따

■ 건강하십니까?(잘 지내십니까?)
お元気ですか。
오겡끼데스까

■ 잘 지내셨습니까?
お元気でしたか。
오겡끼데시따까

■ 별고 없으십니까?
お変りございませんか。
오까와리고자이마셍까

만남(인사 표현)

- 별일 없으세요?

  お変かわりありませんか。
  오까와리아리마셍까

- 요즘 어떠십니까?

  この頃ごろはいかがですか。
  코노고로와이까가데스까

  いかがですか。(어떠십니까?) 대신에 가볍게 どうですか。(어떻습니까?)라고 해도 됩니다.

- 어떻게 지내십니까?

  いかがお過すごしですか。
  이까가오스고시데스까

- 하시는 일은 어떻습니까?

  お仕事しごとのほうはどうですか。
  오시고또노호-와도-데스까

  ~のほうはどうですか。(~쪽은 어떻습니까?)라는 뜻으로 쓰이며 이럴 경우의 ほう는 한자가 아닌 ひらがな로 쓰는 점에 유의 하세요.

- 사업은 잘 됩니까?

  事業じぎょうはうまくいっていますか。
  지교-와우마꾸잇떼이마스까

  〉〉〉 답변 | 좋든 나쁘든 여러 상황으로 준비해 보세요.

  ↳ 아니, 별로.

  いや、別べつに。
  이야 베쯔니

Section 1

└ 그저 그렇습니다.

まあまあです。
마-마-데스

많이 쓰이는 표현입니다. 외워 두고 적절한 경우에 사용하세요.

例 あなたは日本語が上手ですか。 당신은 일본어를 잘합니까?

└ いいえ、まあまあです。 아니오, 그저 그렇습니다.

■ 그럭저럭 지내고 있습니다.

どうにかやっています。
도-니까얏떼이마스

■ 잘 지내요.

元気にしてるよ。
겡끼니시떼루요

■ 덕택에 잘 지냅니다.

おかげさまで元気です。
오까게사마데겡끼데스

おかげさまで 줄여서 おかげで라고도 합니다.

■ 네, 잘 있습니다.

ええ、元気です。
에-겡끼데스

■ 모두 잘 지내고 있습니다.

みんな元気でやっています。
민나겡끼데얏떼이마스

만남(인사 표현)

- 바쁩니다.
   忙しいです。
   이소가시-데스

- 눈코 뜰 새 없이 바쁩니다.
   目が回るほど忙しいです。
   메가마와루호도이소가시-데스

   目が回るほど 눈이 돌 정도, 즉 눈 코 뜰 새 없이

- 여전합니다.
   相変わらずです。
   아이까와라즈데스

만남(인사 표현)

06 오랜만에 만났을 때

오랜만에 만났으면 어떤 말을 주고받을까요? 반가움의 표시와 함께 안부도 꼭 물어 보세요.

🔊 오랜만에 만났을 때

오랜만에 만났을 경우에는 보통 久しぶりですね。(오랜만이군요.) 또는 しばらくですね。(오랜만이군요.) 라고 합니다.

■ 야, 오랜만이군.

やあ、久しぶりだね。

야-히사시부리다네

■ 오랜만입니다.

お久しぶりです。

오히사시부리데스

■ 정말 오랜만이군요.

本当にお久しぶりです。

혼또-니오히사시부리데스

■ 몇 년 만이죠?

何年ぶりでしょう。

난넨부리데쇼-

만남(인사 표현)

- 5년 만이에요.

  五年ぶりです。
  고넨부리데스

- 한참 못 뵈었어요.

  しばらくでしたね。
  시바라꾸데시따네

- 오랫동안 연락 못드렸습니다.

  長い間、ごぶさたしました。
  나가이아이다 고부사따시마시따

반가움

~ てうれしいです。(~서 반갑습니다.) 라는 표현을 많이 사용하게 됩니다.
어디 예를 하나 들어 볼까요!?
お目にかかれてうれしいです。(뵙게 되어 반갑습니다.)

- 다시 만나서 반갑습니다.

  またお会いできてうれしいです。
  마따오아이데끼떼우레시-데스

- 다시 뵙게 되어 반갑습니다.

  またお目にかかれてうれしいです。

- 뵙고 싶었습니다.

  お会いしたかったです。
  오아이시따깟따데스

Section 1

 안부

오랜만의 만남에 안부 정도는 물어봐야겠죠. お元気ですか。라고 말해 보세요.
답변은 여러 상황에 맞춰 적당히 대답해 보세요.

■ 어떻게 지냈니?

どうしていたの。
도-시떼이따노

■ 요즘 어떻습니까?

このごろどうですか。
코노고로도-데스까

■ 그동안 어땠습니까?

その間どうでしたか。
소노아이다도-데시따까

■ 그동안 무얼 하고 있었니?

その間何やってたの。
소노아이다나니얏떼따노

■ 어디에 살고 계십니까?

どちらに住んでいらっしゃいますか。
도찌라니슨데이랏샤이마스까

만남(인사 표현)

- 하시는 일은요?

 お仕事は。
 오시고또와

- 건강해 보이는데요.

 元気そうですね。
 겡끼소-데스네

- 예뻐졌구나.

 きれいになったね。
 키레-니낫따네

- 전혀 안 변했군요.

 ぜんぜん変らないんですね。
 젠젱카와라나인데스네

- 세월이 참 빠르네요.

 歳月速いもんですね。
 사이게쯔하야이몬데스네

- 이 근처에 살고 있습니다.

 この辺に住んでいました。
 코노헨니슨데이마시따

 ~に住む ~에 살다.

- 여기서 쭉 살았어요.

 ここでずっと住んでいました。
 코꼬데즛또슨데이마시따

만남(인사 표현)

07 작별 인사를 할 때

우리가 잘 알고 있는 표현에는 さようなら。(안녕히 가(계)십시오)라는 말이 있긴 하지만 이 말은 헤어짐이 긴 경우나 아주 헤어지는 뉘앙스를 갖고 있습니다.
주로 쓰이는 표현으로는 じゃ、またね。(그럼 또 만나요.) 정도로 표현하는 것이 좋으며 밤인 경우에는 おやすみ。(잘 자.)

헤어질 때

- 잘 가세요.

    さようなら。
    사요-나라

- 그럼 안녕히 가십시오. (계십시오)

    では、さようなら。
    데와 사요-나라

- 안녕히 가세요.

    ごきげんよう。
    고끼겡요-

- 그럼 내일 봐요.

    では、またあした。
    데와 마따 아시따

- 또 봐.

    じゃあね。
    자-네

만남(인사 표현)

- 또 만납시다.

    また会(あ)いましょう。
    마따아이마쇼-

- 그럼, 또.

    じゃ、またね。
    쟈 마따네

- 또 뵙겠습니다.

    また、お目(め)にかかります。
    마따 오메니카까리마스

❺ 작별의 시간

そろそろ~ 식의 표현을 쓰게 됩니다. そろそろ失礼(しつれい)します。(이제 실례해야겠습니다.)

- 이제 가야겠습니다.

    もうおいとまいたします。
    모-오이또마이따시마스

    자리에서 일어날 때 많이 쓰는 표현입니다.

- 이제 실례해야겠습니다.

    そろそろ失礼(しつれい)します。
    소로소로시쯔레-시마스

    失礼(しつれい)します。도 간단하게 쓸 수 있는 말이죠!?

46

Section 1

■ 슬슬 가봐야겠는데요.

そろそろ行かないと。

소로소로이까나이또

■ 이만 가 볼게.

そろそろ行くね。

소로소로이꾸네

■ 많이 늦었어.

だいぶ遅くなってきたよ。

다이부오소꾸낫떼키따요

■ 폐를 끼쳤습니다.

お世話さまでした。

오세와사마데시따

■ 가야겠는데요.

行かなくちゃならないんです。

이까나꾸짜나라나인데스

~なくちゃならない는 ~なくてはならない의 줄임말로 ~해서는 안된다. 즉 ~해야 된다라는 뜻으로 쓰입니다.

■ 먼저 가겠습니다.

お先に失礼します。

오사끼니시쯔레-시마스

| 만남(인사 표현)

● 즐거운 시간

상대방과의 시간이 즐겁고 유쾌했다는 표현을 담는 것이 좋습니다.

楽(たの)しかったです。(즐거웠습니다.)

■ 벌써 가시게요?

もう帰(かえ)りますか。
모-카에리마스까

■ 즐거운 시간이었습니다.

楽(たの)しい時間(じかん)でした。
타노시-지깐데시따

■ 즐거웠습니다.

楽(たの)しかったです。
타노시깟따데스

■ 만나 뵙게 되어 즐거웠습니다.

お目(め)にかかれてうれしかったです。
오메니카까레떼우레시깟따데스

■ 얘기, 즐거웠습니다.

お話(はなし)、楽(たの)しかったです。
오하나시 타노시깟따데스

■ 무척 좋았습니다.

本当(ほんとう)によかったです。
혼또-니요깟따데스

48

Section 1

■ 매우 즐겁게 보냈습니다.

とても楽しく過ごさせていただきました。

토떼모타노시꾸스고사세떼이따다끼마시따

■ 저녁 잘 먹었습니다.

夕食をごちそうさまでした。

유-쇼꾸오곳소-사마데시따

ごちそうさまでした。(잘 먹었습니다.)

● 다시 만날 것을 기약할 때

またね。(또 만나요.) また来てください。(또 오세요.) 등의 말을 통해 다음을 기약합니다.

■ 다음에 또 만납시다.

また、会いましょう。

마따 아이마쇼-

■ 또 만나요.

またね。

마따네

■ 서로 연락합시다.

また、連絡し合いましょう。

마따 렌라꾸시아이마쇼-

連絡し合う 서로 연락하다.

만남(인사 표현)

- 또 놀러 오세요.

 また、遊びに来てください。
 마따 아소비니키떼구다사이

- 집에 놀러 오세요.

 家に遊びに来てください。
 우찌니아소비니키떼구다사이

- 다시 만나 뵙길 바랍니다.

 またお会いできることを樂しみにしています。
 마따오아이데끼루고또오타노시미니시떼이마스

- 가까운 시일에 또 만납시다.

 近いうちにまた会いましょう。
 치까이우찌니마따아이마쇼-

 近いうちに 가까이에, 가까운 시일에

- 언제라도 전화해요.

 いつでも電話してね。
 이쯔데모뎅와시떼네

- 이메일 보낼게요.

 メールを送ります。
 메-루오오꾸리마스

- 이메일 주소를 가르쳐 주시겠어요?

 メールのアドレスを教えてくださいますか。
 메-루노아도레스오오시에떼구다사이마스까

 ~てくださいますか。 ~해 주시겠습니까?

Section 1

🔸 전송할 때

조심해서 돌아가시라는 뜻을 담아야겠죠!? どうぞ、お気をつけて。(조심해서 가세요.)
気をつけて行ってください。(조심해서 가세요.) 라고 말하면 됩니다.

■ 헤어지는 게 괴롭습니다.

別れるのがつらいです。

와까레루노가츠라이데스

■ 조심해서 가세요.

どうぞ、お気をつけて。

도-조 오끼오쯔께떼

■ 운전 조심해서 가세요.

運転、気をつけてください。

운뗑 키오쯔께떼구다사이

■ 도착하는대로 전화 주세요.

着いたら、電話ください。

츠이따라 뎅와구다사이

회화 표현에 필요한 기초 문형

- ~は ~です。 ~은(는) ~입니다.
  - 例 私は山田です。 나는 야마다입니다.

- ~は ~ではありません。 ~은(는) ~이(가) 아닙니다.
  - 例 私は学生ではありません。 나는 학생이 아닙니다.

- ~は ~のですか。 ~은(는) ~것입니까?
  - 例 この雑誌はあなたのですか。 이 잡지는 당신 것입니까?

- ~は ~にあります。 ~은(는) ~에 있습니다.
  - 例 あなたのかばんは事務室にあります。
    당신 가방은 사무실에 있습니다.

- ~さんは ~にいます。 ~씨는 ~에 있습니다.
  - 例 スミスさんは教室にいます。 스미스씨는 교실에 있습니다.

- ~さんは どなたですか。 ~씨는 누구십니까?
  - 例 金さんはどなたですか。 김씨는 누구십니까?

- ~に何がありますか。 ~에 무엇이 있습니까?
  - 例 箱の中に何がありますか。 상자 속에 무엇이 있습니까?

- ~にだれかいますか。 ~에 누군가 있습니까?
  - 例 ビルの中にだれかいますか。 빌딩 속에 누군가 있습니까?

02

감정 표현

인간이 느끼는 여러 가지 감정 표현에 관해서 다루기로 하겠습니다. 그러나 일본인들의 성격 자체가 자기 감정을 있는 그대로 드러내는 편이 아니라 우리로서는 진짜 속마음을 읽는다는 것이 쉬운 일은 아니라고 봅니다. 아닌게 아니라 비즈니스 관계에 있어 상대의 의중을 잘못 받아들여 내심 기대하다 낭패했다는 사업가들도 많이 있는 편이지요. 이것은 그네들이 겉 다르고 속다른 인간이라기 보다는 자신을 표현하는 것은 천박하다고 교육받은 탓이라고 보는 것이 맞겠습니다.

감정 표현

01 기쁨 · 즐거움

매일이 기쁨의 연속이 될 수 있다면 얼마나 좋을까요!?
うれしい (기쁘다)
たのしい (즐겁다)

기쁨 · 즐거움

■ 기쁘기 짝이 없습니다.

これにまさる喜びはありません。

코레니마사루요로꼬비와아리마셍

■ 정말 기쁘다.

本当にうれしい。

혼또-니우레시-

■ 매우 기쁩니다.

とてもうれしいです。

토떼모우레시-데스

■ 기분이 최고야.

最高の気分だぜ。

사이꼬-노키분다제

■ 됐다!

やったあ!

얏따-

Section 2

■ 이만큼 기쁜 일은 없습니다.

これほどうれしいことはありません。
코레호도우레시-고또와아리마셍

■ 기뻐서 날아갈 것 같습니다.

うれしくて飛び上がるほどです。
우레시꾸떼토비아가루호도데스

■ 좋아 죽겠어.

うれしくてたまらない。
우레시꾸떼타마라나이

たまらない 참을 수 없다, 견딜 수 없다.

■ 운이 좋군요.

運がいいね。
웅가이-네

■ 운이 좋았을 뿐입니다.

運がよかっただけです。
웅가요깟따다께데스

감정 표현

02 슬픔

슬픈 일도 인간 다반사겠죠!!

悲<ruby>かな</ruby>しい(슬프다)

● 슬픔

- 슬픕니다.

悲<ruby>かな</ruby>しいです。
카나시-데스

- 슬퍼.

悲<ruby>かな</ruby>しい。
카나시-

- 정말 슬픈 일입니다.

ほんとうに悲<ruby>かな</ruby>しいことです。
혼또-니카나시-코또데스

- 쭉 슬픔에 잠겨 있습니다.

ずっと悲<ruby>かな</ruby>しみにくれています。
즛또카나시미니쿠레떼이마스

- 슬퍼서 견딜 수가 없습니다.

悲<ruby>かな</ruby>しくてたまらないんです。
카나시꾸떼타마라나인데스

■ 울고 싶은 기분입니다.

泣きたい気持ちです。

나끼따이키모찌데스

■ 죽어버리고 싶어요.

死んでしまいたいの。

신데시마이따이노

■ 제 마음은 아무도 모릅니다.

私の心の内は誰にもわからないです。

와따시노코꼬로노우찌와다레니모와까라나이데스

■ 마음에 구멍이 뚫린 것 같습니다.

心に穴が空いてしまったようです。

코꼬로노아나가아이떼시맛따요-데스

감정 표현

03 노여움

노여움을 드러내 놓고 표현하는 성격은 아니지만 한 번 살펴볼까요!?
もうたまらないよ。(이젠 못 참겠어.)

노여움

- 화가 나!

  腹が立つ!

  하라가타쯔

- 이젠 못 참겠어.

  もう我慢できないんだ。

  모-가만데끼나인다

  我慢できない 화가 나서 견딜 수가 없음을 뜻합니다.

- 더 이상 못 참겠어요.

  もうこれ以上たまらないよ。

  모-코레이죠-타마라나이요

- 어떤 변명도 듣고 싶지 않습니다.

  どんな言い訳も聞きたくないです。

  돈나이-와께모키끼따꾸나이데스

  言い訳 변명

- 말 조심하세요.

言葉に気をつけろよ。

코또바니키오츠께로요

気をつける　조심하다, 주의하다의 뜻.

- 닥쳐!

黙れ!

다마레

- 적당히 좀 해.

いいかげんにしろよ。

이-까겐니시로요

- 잔소리 그만해.

ごちゃごちゃ言わないでくれよ。

고쨔고쨔이와나이데구레요

- 바보 취급하지마!

ばかにするな!

바까니스루나

ばかにする。　바보처럼 취급하다.

- 저리 가!

あっちへ行けよ!

앗찌에이께요

감정 표현

04 실망

실망스러울 때 쓰이는 대표적인 표현으로는 残念ですね。(유감이군요.)가 있습니다.

🗨 실망

■ 실망이야.

がっかりだ。
각까리다

がっかり 실망하여 낙담하는 모양을 나타냅니다.

不合格にがっかりする 불합격에 낙심하다.

■ 대단히 실망했어.

とてもがっかりだよ。
토떼모각까리다요

■ 유감이군요.

残念ですね。
잔넨데스네

■ 그에게 실망했습니다.

彼にがっかりしました。
카레니각까리시마시따

Section 2

■ 실패했어.

失敗したよ。
십빠이시따요

■ 다시 기회가 있습니다.

また機会があります。
마따키까이가아리마스

■ 실망 하지마.

がっかりしないでよ。
각까리시나이데요

■ 시간 낭비예요.

時間の無駄だよ。
지깐노무다다요

無駄 쓸데없음, 헛됨을 나타냅니다.

■ 가망이 없습니다.

見込みがありません。
미꼬미가아리마셍

見込み 전망, 예상

見込みが立たない 전망이 서지 않다.

■ 어쩔 수 없어.

どうしようもない。
도-시요-모나이

감정 표현

05 두려움

두려움의 시간은 정말 견디기 힘들겠죠!! 두려움을 나타내는 단어에는 어떤 것이 있을까요?
こわい(무섭다)
おそろしい(두렵다)
ぞっとする(소름 끼치다)

두려움

■ 무서워.

怖い。
코와이

■ 생각만 해도 소름이 끼칩니다.

思い出すだけでもぞっとします。
오모이다스다께데모좃또시마스

ぞっと 추위나 무서움으로 소름이 끼치는 모양을 나타냅니다.
ぞっとする 소름이 끼치다.

■ 식은땀 뺐어.

冷や汗出ちゃったよ。
히야아세데챳따요

冷や汗 식은땀

■ 생각만 해도 등골이 오싹해집니다.

思い出すだけでもぞっとします。
오모이다스다께데모좃또시마스

Section 2

■ 그 이야기를 듣고 당황했어요.

そんな話しを聞いて慌てました。
そんなはなしをきいてあわてました。

손나하나시오키이떼아와떼마시따

■ 너무 놀라서 움직일 수가 없었습니다.

びっくりして動くことができませんでした。

빅꾸리시떼우고꾸고또가데끼마센데시따

びっくりする 깜짝 놀라다.

감정 표현

06 놀라움

깜짝 놀랐을 때 쓰는 표현을 살펴볼까요!?
기본적으로 많이 쓰이는 표현은
びっくりした。(깜짝이야.) しまった。(아뿔싸)
驚きました。(놀랐습니다.) 등이 있습니다.

😮 놀라움

- 와!

   わあ！
   와-

- 어머, 깜짝이야!

   ああ、びっくりした。
   아- 빅꾸리시따

- 큰일이다!

   大変だ！
   타이헨다

- 정말입니까?

   本当ですか。
   혼또-데스까

- 아뿔싸!

   しまった！
   시맛따

64

しまった! 깜짝 놀라거나 분한 일이 생겼을 경우에 쓰는 말로 우리말 「아뿔싸!」 정도로 해석하면 됩니다.

■ 그거 굉장하군요.

それはすごいですね。
소레와스고이데스네

■ 믿을 수 없습니다.

信じられないです。
신지라레나이데스

■ 이상하군요.

変ですね。
헨데스네

■ 정말 놀랐습니다.

本当に驚きました。
혼또-니오도로끼마시따

■ 이런, 이런!

これは、これは!
코레와 코레와

■ 저런, 저런!

やれ、やれ!
야레 야레

감정 표현

07 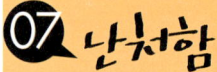 난처함

곤란한 상황에 놓이면 참으로 당황스럽고 난처하기 이를 데 없습니다. 한 번 살펴볼까요!?

🔥 난처함

■ 어떻게 하면 좋습니까?

どうしたらいいですか。
도-시따라이-데스까

■ 어떡하지.

どうしよう。
도-시요-

■ 어떻게 하면 좋을지 망설이고 있습니다.

どうしたらいいのか迷っています。
도-시따라이-노까마욧떼이마스

■ 노심초사하고 있습니다.

困っています。
코맛떼이마스

困る 어려움을 겪다. 괴로움을 겪다.

■ 이거 큰일 났는데.

これは困った。
코레와코맛따

■ 역시 신경이 쓰입니다.

やはり気になります。
야하리키니나리마스

気になる 걱정이 되다. 마음에 걸리다.

감정 표현

08 기타

앞에서 다룬 기본 감정 외에 우리가 가질 수 있는 감정에는 어떤 것들이 있을 수 있을까요!!

● 부끄러움

부끄러움의 감정을 나타내는 단어는 はずかしい(부끄럽다)입니다. 좀 더 응용해서 부끄러운 줄 알다라는 표현은 恥を知る라고 합니다.

■ 부끄럽다!

恥ずかしい。

하즈까시-

■ 부끄러운 줄 알아!

恥を知れ。

하지오시레

■ 창피 주지마!

恥をかかせるな。

하지오카까세루나

恥をかく 창피를 당하다.

人前で恥をかかせるな。 사람들 앞에서 창피 주지마!

Section 2

■ 쑥스럽네요.

照れちゃいますね。

테레짜이마스네

불만

불만의 감정은 누구나 가질 수 있는 감정이죠. 더구나 일이 잘 안 될 때에는 화가 나기 마련입니다. 자신 속의 불만족을 겉으로 표현할 때는 あっ、しまった。(아뿔싸), 혹은 納得できない。(납득할 수 없어.) 등으로 표현합니다.

■ 이 일은 납득이 안 됩니다.

このことは納得できないんです。

코노코또와낫또꾸데끼나인데스

■ 지루해.

退屈だ。

타이꾸쯔다

■ 이제 됐어.

もういい。

모-이-

■ 바보 같은 소리마!

ばかを言うな。

바까오이우나

감정 표현

- 너무 이기적이군요.

    # 自分勝手すぎるよ。
    지붕갓떼스기루요

    自分勝手 자기 멋대로임, 마음대로임.
    ~すぎる 너무 ~하다.

● 후회

이미 지나간 일은 어쩔 수 없는 것이겠죠. 주로 그렇게 행동하지 말았어야 했다는 마음을 표현합니다.

~なければ良かったのに。(~하지 않았으면 좋았을 텐데.)

- 너무 했어.

    # やりすぎだよ。
    야리스기다요

- 저런 짓을 하지 말걸 그랬다.

    # あんなことしなければよかった。
    안나고또시나께레바요깟따

- 나도 후회하고 있습니다.

    # 私も後悔しています。
    와따시모코-까이시떼이마스

- 다른 방법이 없었습니다.

    # ほかに方法はなかったんです。
    호까니호-호-와나깟딴데스

Section 2

● 비난

일본어는 우리말에 비해 상대방에 대한 욕설이 적습니다. 기껏해야 우리가 아는 ばかやろ! 나 ちくしょう! 정도입니다. 그나마 ちくしょう!는 정도가 심한 편에 속하죠.

■ 거짓말쟁이!

嘘つき!
우소쯔끼

嘘つき 거짓말쟁이

■ 형편없는 사람이군!

話しにならない人だ。
하나시니나라나이히또다

■ 시치미 떼지마!

とぼけるな!
토보께루나

회화 표현에 필요한 기초 문형

- **~にだれがいますか。** ~에 누가 있습니까?

  예 教室にだれがいますか。 교실에 누가 있습니까?

- **~をください。** ~을(를) 주십시오.

  예 これをください。 이것을 주십시오.

- **どのくらいありますか。** 어느 정도 됩니까?

  예 あなたは背はどのくらいありますか。
  당신은 키가 어느 정도 됩니까?

- **~は ~から ~までですか。** ~은(는) ~부터 ~까지입니까?

  예 試験は何時から何時までですか。
  시험은 몇 시부터 몇 시까지입니까?

- **あまり~ではありません。** 그다지 ~지 않습니다.

  예 すき焼きはあまり好きではありません。
  전골은 그다지 좋아하지 않습니다.

- **~は 何ですか。** ~은 무엇입니까?

  예 これは何ですか。 이것은 무엇입니까?

- **~にします。** ~로 하겠습니다.

  예 私はこれにします。 저는 이걸로 하겠습니다.

03

이성 교제

사람과 사람 사이의 관계도 어렵지만 이성간의 관계는 신중할 필요가 있습니다. 말 한마디에 상대방을 기쁘게도 또는 슬프게도 만들 수 있기 때문입니다. 이상형을 그릴 때는 달콤한 상상에 빠져 있지만 사랑과 이별은 그리 녹녹하지가 않죠. 때로는 열정적으로, 때로는 이성적으로 적절히 대응할 줄 아는 지혜가 필요합니다.

이성 교제

01 결혼에 대한 생각, 이상형

당신의 이상형은 어떤 사람입니까? 어떤 사람이든 나와 생각을 맞춰 나갈 수 있는 사람이 좋지 않을까요?

질문

결혼 여부나 결혼관에 대해 질문해 봅니다.

■ 결혼했습니까?
結婚していますか。
켁꼰시떼이마스까

항상 ~ている의 형태로 질문합니다.

■ 예, 결혼했습니다.
はい、結婚しています。
하이 켁꼰시떼이마스

結婚しました。(결혼했습니다.)라고 대답할 수도 있으나 이것은 단순히 결혼 사실의 유무만을 나타내게 됩니다. 그러므로 결혼하여 그 생활을 잘 유지하고 있다는 뜻을 표현하려면 ~ている의 형태로 대답해야 합니다.

■ 아직 혼자입니다.
まだ一人です。
마따히또리데스

■ 애인 있습니까?

恋人はいますか。
코이비또와이마스까

■ 사귀는 사람 있습니까?

付き合っている人はいますか。
츠끼앗떼이루히또와이마스까

付き合う 사귀다, 교제하다.

■ 특별히 교제하는 사람은 없습니다.

特別に交際している人はおりません。
토꾸베쯔니코-사이시떼이루히또와오리마셍

■ 없습니다.

いません。
이마셍

이성 교제

◐ 이상형

여러 타입의 사람을 소개하는 법에 대해 표현해 보겠습니다. 아무래도 성격에 대한 표현이 우선이 되겠죠.

■ 어떤 사람을 좋아합니까?

どんな人が好きですか。
돈나히또가스끼데스까

■ 당신은 어떤 타입이 좋습니까?

あなたはどんなタイプが好きですか。
아나따와돈나타이쁘가스끼데스까

■ 상냥하고 진실한 사람이 좋습니다.

やさしくてまじめな人が好きです。
야사시꾸떼마지메나히또가스끼데스

■ 경제력 있는 사람과 결혼하고 싶습니다.

経済力のある人と結婚したいです。
케-자이료꾸노아루히또또켁꼰시따이데스

■ 명랑한 여성과 결혼하고 싶습니다.

明るい女性と結婚したいです。
아까루이죠세-또켁꼰시따이데스

■ 몸매 좋은 여성과 결혼하고 싶습니다.

スタイルがよい女性と結婚したいです。
스따이루가요이죠세-또켁꼰시따이데스

이성 교제

02 데이트 신청

막상 데이트 신청을 하려 하니 참으로 난감하지 않습니까? 어떻게 말을 걸면 좋을까요!? 설레이는 그 마음, 상대방에게 그대로 표현해 보세요.

◈ 데이트 신청

■ 같이 커피라도 어떻습니까?

いっしょにコーヒーでもどうですか。

잇쇼니코-히-데모도-데스까

■ 잠깐 시간 있으세요?

ちょっと時間(じかん)がありますか。

촛또지깡가아리마스까

■ 영화 보러 가지 않을래요?

映画(えいが)を見(み)に行(い)きませんか。

에-가오미니이끼마셍까

~に ~ませんか。 ~하러 ~하지 않겠습니까?

■ 데이트 신청해도 되겠습니까?

デートに誘(さそ)ってもいいですか。

데-또니사솟떼모이-데스까

~てもいい ~해도 좋다, ~해도 괜찮다.

ここで本(ほん)を読(よ)んでもいいですか。 여기서 책을 읽어도 되겠습니까?

이성 교제

- **몇 시로 할까요?**

  何時にしますか。

  난지니시마스까

- **좋아요.**

  いいですよ。

  이-데스요

  ここで本を読んでもいいですか。 여기서 책을 읽어도 되겠습니까?

- **고맙지만 거절하겠습니다.**

  ありがたいけど、お断りします。

  아리가따이께도 오꼬또와리시마스

  ~けど ~지만 '~けれども'의 준말입니다.

- **어디 가고 싶은 곳은 없습니까?**

  どこか行きたいところはありませんか。

  도꼬까이끼따이토꼬로와아리마셍까

- **또 만나주시겠습니까?**

  また会ってもらえますか。

  마따앗떼모라에마스까

  ~てもらえますか。 ~해 주시겠습니까?
  教えてもらえますか。 가르쳐 주시겠습니까?

- **전화번호라도 가르쳐 주시겠습니까?**

  電話番号でも教えてもらえますか。

  뎅와방고-데모오시에떼모라에마스까

이성 교제

 사랑

이 순간을 위해서 살아왔다고 해도 과언이 아니겠죠. 진실을 담아 마음을 표현하세요.
あなたをすごくすごくあいしています。(당신을 너무너무 사랑합니다.)

🔥 사랑

- **당신은 매우 매력적입니다.**

    あなたはとても魅力的です。
    아나따와토떼모미료꾸떼끼데스

- **당신이 있으면 아무 것도 필요하지 않습니다.**

    あなたがいるなら何もいらないです。
    아나따가이루나라나니모이라나이데스

- **사랑해!**

    愛してるよ!
    아이시떼루요

- **당신 없이는 살아갈 수 없습니다.**

    あなたなしでは生きていけないです。
    아나따나시데와이끼떼이께나이데스

| 이성 교제

■ 진심으로 당신을 사랑하고 있습니다.
心からあなたを愛しています。
코꼬로까라아나따오아이시떼이마스

心から 마음으로, 진심으로

■ 첫눈에 반했어요.
一目惚れだったんだ。
히또메보레닷따다

一目惚れ 한눈에 이성에 반함, 첫눈에 마음에 든다는 의미.

이성 교제

04 프로포즈

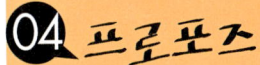

결혼은 인생 중에 가장 신중한 선택을 내려야 할 순간입니다. 당신의 상대는 이 세상 어느 것과도 바꿀 수 없는 소중한 존재겠지요. 최고의 상대에게 최고로 프로포즈해 보세요!!

프로포즈

■ 결혼해 줘.
結婚してくれ。
켁꼰시떼구레

■ 결혼할까?
結婚しようか。
켁꼰시요-까

■ 결혼해 주십시오.
結婚してください。
켁꼰시떼구다사이

■ 당신과 결혼하고 싶습니다.
あなたと結婚したいです。
아나따또켁꼰시따이데스

■ 당신을 지켜주고 싶습니다.
あなたをまもってあげたいです。
아나따오마못떼아게따이데스

이성 교제

- 행복하게 해 줄게.

  幸せにするよ。
  시아와세니스루요

- 내 아내가 되어 주세요.

  僕の妻になってください。
  보꾸노츠마니낫떼구다사이

- 당신의 아내가 되고 싶습니다.

  あなたのお嫁さんになりたいです。
  아나따노오요메산니나리따이데스

- 아직 결혼하고 싶지 않습니다.

  まだ結婚したくないんです。
  마다켓꼰시따꾸나인데스

~んです・~ですみ 표현해도 되지만 문장에 의미를 부여하거나 화자의 설명, 강조의 기분을 나타낼 때는 문장 끝에 ~のです。를 씁니다. 회화체에서는 ~んです。

이성 교제

05 이별

서로 믿음이 깨졌으니 당신이 입은 상처도 무척 크겠습니다. 이 순간까지 가지 않도록 서로에 대해 더욱 노력해야겠습니다.

別れる(헤어지다), 変わる(변하다), きらい(싫다).

이별

- 헤어집시다.

別れましょう。

와까레마쇼-

- 이제 당신을 사랑하지 않습니다.

もうあなたを愛していないんです。

모-아나따오아이시떼이나인데스

- 이제 만나지 않는 게 좋겠습니다.

もう会わない方がいいです。

모-아와나이호-가이-데스

~ない方がいい ~하지 않는 것이 좋다.

- 당신과는 성격이 안 맞습니다.

あなたとは考え方が違います。

아나따또와캉가에까따가치가이마스

考え方 성격, 사고 방식

이성 교제

- 당신은 나에 대해 아무 것도 아는 게 없습니다.

  あなたは私のこと何も分かっていないんです。
  아나따와와따시노코또나니모와깟떼이나인데스

- 이제 지겨워.

  もううんざりだ。
  모-운자리다

- 당신과는 두 번 다시 만나고 싶지 않아요.

  あなたとは二度と会いたくないんです。
  아나따또와니도또아이따꾸나인데스

  ~たくない ~하고 싶지 않다.
  どこにも行きたくないです。아무데도 가고 싶지 않습니다.

- 좋아요. 헤어져요.

  いいよ。別れましょう。
  이-요 와까레마쇼-

- 당신과 헤어질 수 없습니다.

  あなたと別れられないんです。
  아나따또와까레라레나인데스

04

사교

사람과 사람 사이에 아무런 갈등 없이 지낼 수 있다면 더할 나위 없겠지만 인간사에는 갈등이 존재하기 마련입니다. 그 속에서 좋은 관계를 유지할 수 있으면 사회생활이나 친구관계 모두 원활하게 이어나갈 수 있겠죠. 좀처럼 상대방을 초대하지 않는 일본인이지만 그럴 기회가 생긴다면 상당히 조심하고 배려하는 것이 좋습니다.

사교

01 초대

앞에서도 말했듯이 일본인이 누군가를 집으로 초대한다는 것은 참으로 드문 일입니다. 만약 초대를 받았다면 그만큼 당신은 그 사람에게 중요하다는 뜻이겠지요. 집이 우리보다 협소한데 원인이 있기도 하겠지만 누군가에게 폐 끼치기 싫어하는 그네들의 성격이 가장 중요한 이유입니다. 아무튼 누군가를 초대하든, 받든 그 과정은 아주 조심스럽고 상대방의 사정을 최우선적으로 고려해야 하겠습니다. 또한 초대를 받았으면 감사의 뜻을 전하고 거절할 수밖에 없다면 사정 설명을 한 뒤 가고 싶은 마음도 전해 보세요.

● 초대할 때

상대방의 의향과 시간상의 형편을 물어봅니다.
~ませんか。(~하지 않겠습니까?), ~は どうですか。(~은 어떻습니까?)

■ **이번 토요일 저녁 식사에 초대하고 싶은데요.**

今度の土曜の夕方、食事にお招きしたいのですが。

콘도노도요-노유-가따 쇼꾸지니오마네끼시따이노데스가

■ **우리 집에 초대하고 싶은데요.**

私の家にお招きしたいのですが。

와따시노우찌니오마네끼시따이노데스가

■ **언제든지 우리 집에 들르십시오.**

いつでもお立ち寄りください。

이쯔데모오따찌요리구다사이

立ち寄る 들르다
会社のか・えりにスーパーに立ち寄る。 회사에서 돌아오는 길에 슈퍼에 들르다.

Section 4

■ 조만간 저녁이라도 함께 하시면 어떨까요?

そのうち夕食でもご一緒しませんか。

소노우찌유-쇼꾸데모고잇쇼시마셍까

■ 파티에 초대하고 싶습니다.

パーティーにお招きしたいのです。

파-띠-니오마네끼시따이노데스

■ 예정이 있으십니까?

予定がありますか。

요떼-가아리마스까

● 초대에 응할 때

흔쾌히 초대에 응하도록 하세요.
はい、よろこんで。(예, 기꺼이 가죠.)

■ 언제라도 좋지요.

いつでもいいですねえ。

이쯔데모이-데스네-

■ 예, 기꺼이 가겠습니다.

はい、喜んでうかがいます。

하이 요로꼰데우까가이마스

■ 꼭 가겠습니다.

きっと行きます。

킷또이끼마스

きっと 반드시, 꼭의 의미입니다.

사교

■ 초대해 줘서 고맙습니다.

招いてくれてありがとうございます。

마네이떼구레떼아리가또-고자이마스

~てくれてありがとうございます。 ~해 줘서 고맙습니다.

■ 몇 시 정도가 좋으시겠습니까?

何時だとご都合がよろしいですか。

난지다또고쯔고-가요로시-데스까

都合 사정, 형편을 나타내는 말입니다.

■ 오후 7시로 하지요.

午後7時にしましょう。

고고시찌지니시마쇼-

■ 그쪽 형편에 맞추겠습니다.

そちらのご都合に合わせます。

소찌라노고쯔고-니아와세마스

■ 좋아요. 거기서 만나요.

いいですよ。そこで会おうよ。

이-데스요 소꼬데아오-요

■ 그 시간에 찾아뵙겠습니다.

その時間にお伺いいたします。

소노지깐니오우까가이이따시마스

Section 4

● 초대를 거절하거나 미룰 때

상대방에게 충분히 사정을 설명하고, 정중히 거절하도록 합니다.

あいにく~. 残念ですが ~ 등으로 이야기를 꺼냅니다.

■ 미안하지만, 약속이 있는데요.

すみませんが、約束がありますものので。

스미마셍가 약소꾸가아리마스노데

■ 선약이 있어서요.

先約がありますので。

셍야꾸가아리마스노데

■ 오늘은 내내 바쁜데요.

今日はずっといそがしいんですけど。

쿄-와즛또이소가시-ㄴ데스께도

■ 오늘은 사정이 안 좋습니다.

今日は都合がわるいんです。

쿄-와츠고-가와루인데스

都合がわるい 사정이 안 좋다. 형편이 안 좋다.

■ 유감스럽지만 다른 볼 일이 있어서요.

残念ですが、別の用事がありまして。

잔넨데스가 베쯔노요-지가아리마시떼

사교

■ 아무래도 참석할 수 없습니다.

どうしても参席できません。

도-시떼모산세끼데끼마셍

■ 모처럼의 초대입니다만, 갈 수 없습니다.

せっかくのお招きですが、行けません。

섹까꾸노오마네끼데스가 이께마셍

■ 다음 기회에 부탁드리겠습니다.

次の機会にお願いします。

츠기노키까이니오네가이시마스

■ 다른 날로 하는 게 좋을 것 같습니다.

別の日の方がよさそうです。

베쯔노히노호-가요사소-데스

사교

02 방문

감사의 마음이 담긴 작은 선물이라도 준비해서 가는 건 어떨까요!? 아참!! 약속한 시간에 맞춰 늦지 않게 준비하는 것도 상대방에 대한 예의겠죠!?

◐ 손님을 맞이할 때

손님을 맞이할 때 쓰는 인사말에 いらっしゃいませ。(어서 오세요.)가 있습니다. 그 외에 자리를 안내하는 표현을 익혀 보도록 하겠습니다.

■ 누구십니까?

どちら様ですか。
도찌라사마데스까

どちら様ですか 누구인지 확인 할 때 쓰는 말입니다.

■ 어서 오세요.

いらっしゃいませ。
이랏샤이마세

■ 잘 오셨습니다.

ようこそいらっしゃいました。
요-꼬소이랏샤이마시따

いらっしゃいました를 생략하고 ようこそ만으로도 충분한 인사말이 됩니다.

사교

■ 기다리고 있던 참입니다.

お待ちしていたところです。
오마찌시떼이따도꼬로데스

~た ところ ~하던 참

■ 먼 곳을 잘 오셨습니다.

遠いところをようこそいらっしゃいました。
토-이도꼬로오요-꼬소이랏샤이마시따

■ 누추한 곳을 잘 오셨습니다.

むさくるしいところをようこそいらっしゃいました。
무사꾸루시-도꼬로오요-꼬소이랏샤이마시따

■ 와 주셔서 감사합니다.

おいでくださってありがとうございます。
오이데구다삿떼아리가또-고자이마스

■ 어서 앉으세요.

どうぞお掛けください。
도-조오까께구다사이

■ 어서 들어오십시오.

どうぞお入りください。
도-조오하이리구다사이

Section 4

■ 이쪽으로 오십시오.

こちらへどうぞ。
코찌라에도-조

こちらへどうぞ。 자리를 안내할 때 쓰는 말입니다.

 주인에게 인사할 때

초대해 준 데 대한 감사의 표현을 해 보세요.
현관에 들어설 때는 가볍게 ごめんなさい。(실례합니다.)라고 하면 됩니다.

■ 실례합니다.

ごめん下さい。
고멩구다사이

ごめんなさい。 현관에 들어서며 안에 있는 사람을 부를 때 씁니다.

■ 실례하겠습니다.

お邪魔します。
오쟈마시마스

■ 여기가 야마다 씨 댁입니까?

ここが山田さんのお宅ですか。
코꼬가야마다산노오따꾸데스까

お宅 ~댁, 집을 높여 부르는 말입니다.

■ 초대해 주셔서 감사합니다.

お招きいただきありかとうございます。
오마네끼이따다끼아리가또-고자이마스

사교

- **늦어서 죄송합니다.**

遅くなってすみません。

오소꾸낫떼스미마셍

~てすみません ~해서 죄송합니다.
迷惑を掛けてすみません 폐를 끼쳐서 죄송합니다.

- **멋진 집이군요.**

すてきなお住まいですね。

스떼끼나오스마이데스네

🍴 식사

당신을 위해 준비한 식사를 소홀히 여긴다면 그처럼 실망스러운 일도 없겠죠!? 여기서 날리는 접대성 멘트 하나!! おいしいです。(맛있습니다.)

- **식사하시겠습니까?**

食事でもいかがですか。

쇼꾸지데모이까가데스까

いかがですか。상대방의 의향을 물을 때 쓰는 말입니다.

- **커피는 어떠십니까?**

コーヒーはいかがですか。

코-히-와이까가데스까

- **마음껏 드십시오.**

ご自由に召し上がってください。

고지유-니메시아갓떼구다사이

召し上がる。먹다, 마시다의 높임말입니다.
なにを召し上がりますか。무엇을 드시겠습니까?

■ 입에 맞을지 모르겠습니다만, 어서 드세요.

お口に合うかどうかわかりませんが、どうぞ。
오꾸찌니아우까도-까와까리마셍가 도-조

口に合う 입에 맞다.

■ 식기 전에 어서 드십시오.

どうぞさめないうちに召し上がってください。
도-조사메나이우찌니메시아갓떼구다사이

~うちに　~하기 전에

■ 맛있습니다.

おいしいです。
오이시-데스

■ 더 드시죠.

もっといかがですか。
못또이까가데스까

상대방에게 더 권유할 때 쓰는 말입니다.

■ 아니오, 정말로 배가 부릅니다.

いいえ、本当におなかいっぱいです。
이-에 혼또-니오나까입빠이데스

■ 잘 먹었습니다.

ごちそうさまでした。
곳소-사마데시따

식사를 끝냈을 때나 대접을 받았을 때 쓰는 인사말입니다. 여기서 ごちそう는 맛있는 식사, 대접을 나타냅니다.

사교

● 자리에서 일어날 때

자리에서 일어날 때 많이 쓰이는 표현 중에 そろそろおいとまいたします。(슬슬 일어나야겠습니다.)가 있습니다. 여기서 いとま 자체만의 뜻은 틈, 짬이지만 여기서는 작별의 의미로 쓰인답니다.

■ 슬슬 일어나야겠습니다.

そろそろおいとまいたします。
소로소로오이또마이따시마스

■ 이만 가보겠습니다.

これでおいとまいたします。
코레데오이또마이따시마스

■ 정말 폐를 끼쳤습니다.

どうもお世話さまでした。
도-모오세와사마데시따

■ 벌써 가시겠습니까?

もうお帰りになりますか。
모-오까에리니나리마스까

お~ になる 존경 표현
お帰りなる 가시다.

■ 와 주셔서 즐거웠습니다.

来ていただいて、樂しかったです。
키떼이따다이떼 타노시깟따데스

Section 4

- 천천히 놀다 가십시오.

ゆっくりして行ってください。

육꾸리시떼잇떼구다사이

- 조심해서 돌아가세요.

気をつけてお帰りください。

키오츠께떼오까에리구다사이

気をつける 조심하다. 주의하다.

- 언제든지 또 오십시오.

いつでもまた来てください。

이쯔데모마따기떼구다사이

사교

03 접대

열심히 일하고 마시는 한잔 술이라면 부담이 없겠지만 그 상대가 신경 쓰고 돌봐드려야 할 손님이라면 여간 마음이 쓰이는 게 아닙니다. 더군다나 그 상대가 일본인이라면 성격이나 취향이 많이 다른 만큼 더욱 신경을 써야 할 것입니다. 역시 상대방에 대한 배려가 최우선입니다.

● 제의

초대하는 경우와 마찬가지로 정중하게 제의해야 합니다. 여기서 제일 중요한 것은 역시 상대방의 형편이나 사정인 거 잊지 마세요.

■ 어디서 한 잔 어떠십니까?

どこかで一杯いかがですか。

도꼬까데입빠이이까가데스까

■ 한 잔 하러 가지 않겠습니까?

飲みに行きませんか。

노미니이끼마셍까

■ 어디 좋은 곳은 없습니까?

どこかいいところはありませんか。

도꼬까이-도꼬로와아리마셍까

■ 제 단골집이 있습니다.

私の行きつけの店があります。

와따시노이끼쯔께노미세가아리마스

行きつけの店 단골집

Section 4

■ 자주 가는 집입니까?

行きつけの店ですか。
이끼쯔께노미세데스까

■ 분위기가 좋은 가게입니다.

雰囲気のいい店です。
훙이끼노이-미세데스

■ 오늘은 마실 기분이 나지 않습니다.

今日は飲む気がしないんです。
쿄-와노무끼가시나인데스

飲む気 마실 기분

■ 그럼 차를 거기로 보내겠습니다.

じゃ、車をそちらに回します。
자 쿠루마오소찌라니마와시마스

여기서 回す는「(필요한 장소로) 보내다」는 뜻으로 쓰이고 있습니다.

◐ 접대

접대 시에는 취향에 관해 끊임없이 질문하여, 거기에 맞게 따라줘야 상대방을 만족시킬 수 있겠죠.

■ 건배!

乾杯!
캄빠이

사교

- 한 잔 받아요.

    一杯どうぞ。

    입빠이도-조

    우리가 아는 どうぞ는 참 여러 가지 의미로 쓰이는데, 영어로 따지자면 please에 해당하겠죠. 상대방에게 부탁, 허락, 권유 시에 말합니다.

- 자, 마셔요, 마셔.

    さあ、どうぞどうぞ。

    사- 도-조도-조

- 원샷!

    一気!。

    잇끼

- 한 잔 더 어떻습니까?

    もう一杯どうですか。

    모-입빠이도-데스까

- 어려워 마시고 드십시오.

    気兼しないで、どうぞ。

    키가네시나이데 도-조

- 좀 더 마시겠습니까?

    もう少しいかがですか。

    모-스꼬시이까가데스까

- 어느 정도 술을 마십니까?

    どのくらい酒を飲みますか。

    도노구라이사께오노미마스까

■ 술꾼입니다.
大酒飲みです。
오-자께노미데스

大酒飲み 술꾼

■ 술이라면 뭐든지 좋습니다.
酒なら何でもいいです。
사께나라난데모이-데스

何でもいい 뭐든지 좋다. 무엇이라도 상관없다의 의미입니다.

 인사

ごちそうさまでした。(잘 먹었습니다.)라는 말과 함께 오늘 접대에 대한 감사함을 표현합니다.

■ 아주 대접을 잘 받았습니다.
たいへんごちそうになりました。
타이헹곳소-니나리마시따

■ 즐거웠습니다.
楽しかったです。
타노시깟따데스

■ 마음에 드십니까?
お気に入りましたか。
오끼니이리마시따까

気に入る 마음에 들다.

| 사교

- 별로 못해 드렸습니다.

たいしたことはできませんでした。
타이시다고또와데끼마셍데시따

- 별말씀을 다하십니다.

とんでもありません。
톤데모아리마셍

05

대화의 기술

인간관계에서 언어가 차지하는 비중은 거의 대부분이라고 해도 과언이 아니지요. 그만큼 말 한마디가 중요하다는 뜻도 되고, 어떻게 사용하느냐에 따라 전달되는 느낌도 다르다는 뜻입니다. 상대방과의 대화를 끌어낼 때나 칭찬, 축하, 감사, 사과, 격려, 조문 시에는 진심을 담아 소박하게 표현해 보세요. 그리고 제일 중요한 것은 자신의 의견보다는 상대방의 말에 귀기울여 주는 당신의 마음 씀씀이입니다. 상대방의 말에 끊임없이 맞장구 쳐주는 일본인, 어떠세요 여러분들도 한 번 대화를 이끌어 볼까요!?

대화의 기술

01 대화를 시작하려 할 때

먼저 말을 건다는 건 쉬운 일은 아니죠. 이렇게 한 번 시작해 보세요.

◎ 대화를 시작하려 할 때

- 미안합니다만.

 すみませんが。
 스미마셍가

 이「すみません」은 여러 가지로 쓸모가 많은 말입니다. 기본적 의미인「미안하다」라는 뜻 이외에 처음 말을 뗄 때나 점원을 부를 경우 등 쓸모가 많죠.

- 실례합니다만.

 失礼しますが。
 시쯔레-시마스가

- 저어.

 あのね。
 아노네

- 잠깐 여쭙겠습니다만.

 ちょっとおたずねしますが。
 춋또오따즈네시마스가

104

Section 5

■ 잠깐 실례해도 괜찮겠습니까?

ちょっとお邪魔してもよろしいでしょうか。
춋또오쟈마시떼모요로시-데쇼-까

■ 말씀 중에 실례합니다만 이야기할 것이 있습니다.

お話中失礼しますがお話があるんですが。
오하나시쮸-시쯔레-시마스가오하나시가아룬데스가

대화의 기술

02 칭찬을 할 때

칭찬은 고래도 춤추게 한다는 말씀 다 아시죠. 그렇지만 과도한 칭찬은 오히려 역효과를 낼 수 있다는 점 잊지 마시고, 마음 속으로 생각한 거 살짝 겉으로 표현해 보세요. 상대방도 여러분께 마음의 문을 열 겁니다.
すばらしいですね。(대단하군요.)

❂ 칭찬을 할 때

■ 대단하군.

すごいな。
스고이나

■ 훌륭하군요.

すごいですね。
스고이데스네

■ 멋지군요.

すばらしいですね。
스바라시-데스네

■ 과연 다르군요.

さすがですね。
사스가데스네

■ 잘 했어요.

よくやったね。
요꾸얏따네

Section 5

■ 친절하신 분이군요.

優(やさ)しい 人(ひと)ですね。

야사시-히또데스네

대화의 기술

03 축하·축복를 할때

축하할 때 쓰는 인사말로는 おめでとうございます。(축하합니다.)가 있습니다. 축하 하고자 하는 말 뒤에 붙여서 여러 가지로 활용해 보세요.

◐ 축하

격식이 필요없는 친근한 사이라면 おめでとう。(축하해요.)라고 해도 좋습니다.

■ 축하해요.

おめでとう。
오메데또-

■ 축하드립니다.

おめでとうございます。
오메데또-고자이마스

■ 생일 축하해요.

お誕生日おめでとう。
오딴죠-비오메데또-

誕生日 생일

■ 졸업 축하드립니다.

卒業 おめでとうございます。
소쯔교-오메데또-고자이마스

■ 합격 축하드립니다.

ごう かく
合格 おめでとうございます。

고-까꾸오메데또-고자이마스

■ 결혼 축하드립니다.

けっ こん
ご結婚 おめでとうございます。

고겟꽁 오메데또-고자이마스

■ 정말로 잘 했어요.

ほんとうによくやったね。

혼또-니요꾸얏따네

■ 축하해요. 선물입니다.

おめでとう。 プレゼントです。

오메데또- 푸레젠또데스

축복

いの
~を祈ります。(~을(를) 빕니다.) 라는 표현을 이용해 말해 봅니다.

■ 행복을 빕니다.

しあわ いの
お幸せを祈ります。

오시아와세오이노리마스

■ 부디 행복하세요.

しあわ
どうぞお幸せに。

도-조오시아와세니

대화의 기술

- 건투를 빕니다.

    ご健闘を祈ります。
    고껜또-오이노리마스

- 메리 크리스마스!

    メリークリスマス!
    메리-꾸리스마스

- 새해 복 많이 받으세요.

    あけましておめでとうございます。
    아께마시떼오메데또-고자이마스

    새해가 되면 관용적으로 쓰이는 말이에요. 잘 외워두고 사용해 보세요.

답변

간단하게 ありがとうございます。(감사합니다.)라고 대답해도 좋으며,
앞에 おかげさまで(덕분에) 라고 덧붙이면 더욱 훌륭한 답변이 되겠습니다.

- 정말 기쁩니다. 감사합니다.

    とてもうれしいです。ありがとうございます。
    토떼모우레시-데스 아리가또-고자이마스

- 그렇게 말씀해 주셔서 고맙습니다.

    そうおっしゃっていただいてどうも。
    소-옷샷떼이따다이떼도-모

대화의 기술

04 감사를 할 때

ありがとうございます。(고맙습니다.)를 기본으로 여러 가지로 표현합니다.
本当(ほんとう)にありがとうございます。(정말로 고맙습니다.)

◎ 감사를 할 때

■ 고마워요.

どうも。
도-모

ありがとう。ありがとうございます。라는 말 앞에 どうも를 붙여 매우 고맙다는 뜻을
나타내기도 하는데, 이 どうも만 써서 표현하기도 합니다.

■ 고마워요.

ありがとう。
아리가또-

■ 고맙습니다.

ありがとうございます。
아리가또-고자이마스

■ 여러가지로 고마웠습니다.

何(なに)かとありがとうございました。
나니까또아리가또-고자이마시따

대화의 기술

- 친절에 감사합니다.

  ご親切にありがとう。
  고신세쯔니아리가또-

- 호의에 감사드려요.

  ご好意ありがとう。
  고꼬-이아리가또-

- 결코 잊지 않겠습니다.

  けっして忘れません。
  켓시떼와스레마셍

- 덕분에 많은 도움이 되었습니다.

  おかげでたいへん助かりました。
  오까게데타이헨타스까리마시따

- 어떻게 감사를 드려야 할까요?

  どうお礼申し上げたらいいんでしょう。
  도-오레-모-시아게따라이인데쇼-

대화의 기술

05 의뢰 · 제안

의뢰나 제안을 하게 되는 경우는 일상생활에서 많이 쓰게 되는 표현이므로 익혀두면 여러모로 쓸모가 많습니다.
기본적인 표현으로는 다음과 같은 것들이 있습니다.
どうですか。(어떻습니까?) 좀 더 정중한 표현은 いかがですか。(어떠십니까?)
~ましょうか。(~할까요?)

의뢰 · 제안

- 실례합니다만.

    すみませんが。
    스미마셍가

- 부탁합니다.

    おねがいします。
    오네가이시마스

- 부탁이 있습니다만.

    おねがいが あるんですが。
    오네가이가 아룬데스가

- 잠깐 묻겠습니다만.

    ちょっと おたずねしますが。
    춋또오따즈네시마스가

- 잠깐 여쭈어 보겠습니다만.

    ちょっと うかがいますが。
    춋또우까가이마스가

대화의 기술

■ 죄송합니다만.

おそれいりますが。
오소레이리마스가

■ 제안이 있습니다.

提案があります。
테-앙가아리마스

■ 이건 어떻습니까?

これはいかがですか。
코레와이까가데스까

■ 제게 맡겨 주세요.

わたしに任せてください。
와따시니마까세떼구다사이

■ 다른 제안이 있습니다.

別の提案があります。
베쯔노테-앙가아리마스

■ 내일까지 생각해 보세요.

あしたまで考えてみてください。
아시따마데캉가에떼미떼구다사이

대화의 기술

06 사과를 할 때

남에게 폐 끼치기 싫어하는 예절 바른 일본인들이 자주 사용하는 말 중의 하나가 사과의 의미로 사용되는 すみません。(미안합니다.)입니다. 주로 상대방과 부딪혔을 경우나 발을 밟았을 때처럼 가벼운 사과가 필요할 때 사용합니다. 좀 더 정중한 말로는 申(もう)し訳(わけ)ありません。(죄송합니다.) 가 있습니다.

● 사과를 할 때

■ 미안해요.

ごめんなさい。
고멘나사이

사과의 의미 이외에 남의 집을 방문할 때 실례합니다(누구 안 계세요.)의 뜻으로도 쓰입니다. 좀 더 정중한 표현은 ごめんください。

■ 미안합니다.

すみません。
스미마셍

참으로 쓰임새가 많은 말입니다. 「미안합니다」라는 기본 의미, 음식점 같은 데서 사람을 부를 때의 「여보세요. 실례합니다.」, 역설적으로 「고맙다」는 뜻으로도 쓰입니다.

■ 대단히 죄송합니다.

どうもすみません。
도-모스미마셍

■ 실례했습니다.

しつれいしました。
시쯔레-시마시따

대화의 기술

- 제가 잘못했습니다.

  私がいけなかったんです。
  와따시가 이께나깟딴데스

- 용서해 주세요.

  許してください。
  유루시떼구다사이

- 용서해 주시겠습니까?

  許していただけますか。
  유루시떼이따다께마스까

- 사과드립니다.

  申し訳ありません。
  모-시와께아리마셍

- 뭐라고 사죄를 드려야 좋을지 모르겠습니다.

  何とお詫びしてよいかわかりません。
  난또오와비시떼요이까와까리마셍

- 앞으로는 주의하겠습니다.

  今後は気をつけます。
  콩고와키오츠께마스

- 천만에요.

  どういたしまして。
  도-이따시마시떼

Section 5

- 괜찮습니다. 대수롭지 않은 일입니다.

大丈夫です。たいしたことではありません。
_{だいじょうぶ}

다이죠-부데스 타이시따코또데와아리마셍

- 괜찮아요. 신경 쓰지 마세요.

いいんですよ。気にしないでください。
_き

이인데스요 키니시나이데구다사이

대화의 기술

07 맞장구

일본인은 상대방과 이야기하는 도중에도 끊임없이 맞장구를 쳐줍니다. 아마도 그 사람의 이야기에 귀 기울이고 있다는 의사 표현이겠지요. 내 의견을 잘 말할 수 있는 것도 중요하겠지만 상대방의 이야기를 경청하는 것도 대화의 기술 중 하나 아닐까요!?
そうですか。(그렇습니까?)
ええ, そうですね。(네, 그렇군요)

● 맞장구

■ 아, 그래?

あら、そう。
아라 소-

あら는 우리말의 「아」 또는 「어머」 정도의 의미입니다.

■ 그래요?

そうなの。
소-나노

■ 그렇습니까?

そうですか。
소-데스까

■ 그랬습니까?

そうでしたか。
소-데시따까

■ 물론.

もちろん。
모찌롱

■ 그런 것 같네요.

そうらしいですね。
소-라시-데스네

■ 물론이고 말고요.

もちろんですとも。
모찌론데스또모

■ 과연.

なるほど。
나루호도

■ 좋겠네요.

いいわね。
이이와네

■ 동감이에요.

同感です。
도-깐데스

■ 저도 그렇게 생각합니다.

私もそう思いますね。
와따시모소-오모이마스네

■ 역시 그렇군요.

やっぱりね。
얏빠리네

대화의 기술

■ 알고 있었어요.

知っていましたよ。

싯떼이마시따요

知っている(알고 있다, 안다)는 항상 ~ている의 형태로 쓰이는 점에 유의하세요.
반대로 모른다고 할 때는 知りません。이라고 하면 됩니다.

■ 아마 그럴지도 모르죠.

たぶんそうかも知れません。

타분소-까모시레마셍

■ 그렇다니 다행이네요.

そうだとよかったですね。

소-다또요깟따데스네

■ 그렇게 생각하지 않습니다.

そう思いません。

소-오모이마셍

■ 그건 말이 안 됩니다.

そのことは話しになりません。

소노코또와하나시니나리마셍

대화의 기술

08 되물음

대화중 상대방의 이야기를 잘 알아듣지 못했거나 이해가 안될 경우에는 다시 한 번 물어보지 않을 수 없습니다. 그럴 경우에는 망설이지 말고 되물은 다음 대화를 이어나가도록 하세요.

🔥 되물음

何(なん)と言(い)ったのですか。(뭐라고 했습니까?) 라고 다시 한 번 물어 보세요.

■ 뭐라고 했니?

何(なん)て言(い)ったの。

난떼잇따노

■ 뭐라구요?

何(なん)ですって。

난데슷떼

■ 뭐라고 하셨습니까?

何(なん)とおっしゃいましたか。

난또옷샤이마시따까

■ 그건 무슨 의미입니까?

それはどういう意味(いみ)ですか。

소레와도-유-이미데스까

121

| 대화의 기술

◐ 이해 여부

이야기의 내용을 확실히 이해했는지 물어 봅니다. わかりますか。(알겠습니까?)

■ 알겠습니까?

わかりますか。
와까리마스까

■ 이제 됐습니까?

それでいいですか。
소레데이-데스까

■ 알아들었습니까?

聞き取れましたか。
키끼또레마시따까

◐ 모르겠을 때

わかりません。(모르겠습니다.)라고 표현합니다. 여기서 わかる는 이해하다의 의미로 쓰입니다. 知る。(알다)와는 조금 의미가 다르지요.

■ 모르겠습니다.

わかりません。
와까리마셍

■ 무슨 말씀인지 모르겠습니다.

お話がわかりません。
오하나시가와까리마셍

Section 5

■ 그건 금시초문입니다.

それは初耳です。
소레와하쯔미미데스

初耳 처음 들음 . 즉 금시초문의 의미.

● 요구 사항

한 번 더 말해 달라거나 천천히 얘기해 달라는 등의 자신의 요구 사항을 정중히 말해 보도록 합니다.

■ 다시 한 번 말씀해 주시겠습니까?

もう一度言ってくださいますか。
모-이찌도잇떼구다사이마스까

■ 다시 한 번 부탁합니다.

もう一度お願いします。
모-이찌도오네가이시마스

■ 천천히 말씀해 주십시오.

ゆっくり話してください。
육꾸리하나시떼구다사이

■ 좀 더 알기 쉽게 설명해 주시겠습니까?

もう少し分かりやすく説明してくださいますか。
모-스꼬시와까리야스꾸세쯔메-시떼구다사이마스까

~してくださいますか。 ~해 주시겠습니까?

대화의 기술

09 격려 · 위로 · 병문안 · 조문

어려울 때 같이 있어 주는 사람이야말로 진정한 친구라고 할 수 있겠죠. 당신이 전하는 따뜻한 말 한 마디가 상대방에게는 큰 힘이 될 수 있다는 거 잊지 마세요.

● 격려

어려울 때 상대방이 건네는 격려의 한 마디는 큰 위안이 되곤 합니다.
주로 頑張れ。(힘내)라는 표현을 씁니다.

■ 힘내!

頑張れ。
감바레

■ 용기를 내세요.

勇気を 出してください。
유-끼오다시떼구다사이

■ 기운내세요.

元気を 出してください。
겡끼오다시떼구다사이

元気を 出す。 힘내다, 기운을 내다

위로

「걱정하지 마세요.」 라고 하며 따뜻하게 손을 잡아 보세요.

- 걱정하지 마세요.

  心配しないでください。
  심빠이시나이데구다사이

- 틀림없이 잘 될 겁니다.

  大丈夫、うまくいきますよ。
  다이죠-부 우마꾸이끼마스요

- 모두 잘 될 겁니다.

  すべて、うまくいきますよ。
  스베떼 우마꾸이끼마스요

병문안

どうぞお大事に。(몸조리 잘 하세요.)라는 표현을 많이 씁니다.

- 몸조리 잘 하세요.

  どうぞお大事に。
  도-조오다이지니

- 너무 무리하지 마세요.

  あまり無理をなさらないでください。
  아마리무리오나사라나이데구다사이

대화의 기술

- 빨리 완쾌하세요.

早く よく なって ください。
하야꾸요꾸낫떼구다사이

조문

기운을 북돋아 주는 표현이 좋습니다.

- 진심으로 명복을 빕니다.

心から 冥福を お祈り 申し上げます。
코꼬로까라메-후꾸오오이노리모-시아게마스

- 뭐라고 조의를 표해야 할지 모르겠습니다.

何と お悔やみ 申し上げて いいか わかりません。
난또오꾸야미모-시아게떼이-까와까리마셍

- 마음을 다잡으세요.

お気を しっかり お持ちに なって ください。
오끼오싯까리오모찌니낫떼구다사이

06
화젯거리

다양한 화젯거리와 거기에 따른 상식을 겸비하고 있다면 대화를 이끌어 감과 동시에 상대방과의 관계도 어색하지 않게 만들 수 있습니다. 이번 파트에서는 일상생활에서 주고받는 여러 화제들을 다루어 봄으로서 여러분의 회화 실력을 한층 업그레이드 시켜볼 작정입니다. 다양한 장면으로 연습해 두었다가 그때그때 시기 적절하게 사용해 보세요. 단, 앞에서도 말씀드렸듯이 대화의 기본은 상대방에 대한 배려입니다. 상대방 말에 귀 기울이고, 관심과 호의를 표현하세요. 대화의 주제라고 해서 지나친 자기 주장과 도가 지나친 질문은 일본인들의 정서상 불편하게 만들 수도 있으므로 피해야 합니다.

화젯거리

01 화제 제시

어떤 식으로 말을 걸건 지 좀 난감하긴 하죠!?

보통 すみませんが。(미안합니다만)이나 失礼しますが。(실례합니다만) 정도로 시작하는 것이 좋습니다. 다짜고짜 본론으로 들어가면 좀 무례하다는 느낌을 줄 수도 있으므로 정중하고 조심스럽게 시작해 보세요.

● 화제 제시

- 있잖아!

  ねえ！
  네-

- 저, 좋은 소식이 있습니다.

  あのう、いい知らせがあります。
  아노- 이-시라세가아리마스

- 제 말을 들어 보세요.

  私の話を聞いてください。
  와따시노하나시오키이떼구다사이

- 흥미 있는 뉴스가 있습니다.

  おもしろそうなニュースがあります。
  오모시로소-나뉴-스가아리마스

  ~そうな ~할 것 같은
  おもしろそうな 재미있을 것 같은, 흥미로운

화젯거리

02 가족

가까워지다 보면 상대방의 가족에 관해서도 궁금해지는 법. 단, 상대방이 꺼린다면 대화의 주제를 바꾸도록 하세요. 아무래도 사적인 질문이니까 밝히고 싶지 않은 경우도 있을 테니까요.

何人家族ですか。(가족은 몇 명입니까?)
내 가족을 말할 때와 남의 가족을 말할 때는 그 호칭이 다릅니다.

🔥 가족

가족에 관한 표현에서 자기 가족과 남의 가족을 말할 때는 그 표현이 다릅니다. 자기 어머니는 「はは」, 남의 어머니는 「おかあさん」이라고 하죠. 즉 상대방의 가족은 존경 표현을 씁니다.

■ 가족은 몇 명입니까?

ご家族は何人ですか。

고까조꾸와난닌데스까

■ 4인 가족입니다.

4人家族です。

요닝카조꾸데스

■ 부모님과 남동생, 그리고 저입니다.

両親と弟、そして私です。

료-신또오또-또 소시떼와따시데스

■ 자녀는 몇 명입니까?

お子さんは何人ですか。

오꼬산와난닌데스까

129

화젯거리

- **하나입니다.**

  一人です。

  히또리데스

  一人 하나
  二人 둘

- **아직 아이는 없습니다.**

  まだ子供はありません。

  마다코도모와아리마셍

- **형제는 있으십니까?**

  ご兄弟がおいでですか。

  고꾜-다이가오이데데스까

  おいで 「いる」의 높임말로 계시다의 뜻.

- **형제는 없습니다.**

  兄弟はありません。

  쿄-다이와아리마셍

  단순한 존재 유무를 나타내는 경우이므로 「ある」동사를 써도 무방합니다.

● 동거인

동거인에 관한 다양한 궁금증을 질문을 통해 표현합니다. 상대방 가족은 높여 부른다고 말씀드렸죠.

- **당신은 누구와 함께 살고 있습니까?**

  あなたはどなたといっしょに住んでいますか。

  아나따와도나따또잇쇼니슨데이마스까

Section 6

■ 부모님과 함께 살고 있습니까?
りょうしん　　　　　　　　す
両親といっしょに住んでいますか。
료-신또잇쇼니슨데이마스까

■ 혼자 삽니다.
ひとり　ぐら
一人暮しをしています。
히또리구라시오시떼이마스

ひとり ぐら
一人暮し 혼자 삶

■ 부모님과 같이 살고 있습니다.
りょうしん　　　　　　　　す
両親といっしょに住んでいます。
료-신또잇쇼니슨데이마스

■ 친구와 살고 있습니다.
とも　　　　す
友だちと住んでいます。
토모다찌또슨데이마스

■ 따로 삽니다.
べつべつ　　す
別々に住んでいます。
베쯔베쯔니슨데이마스

화젯거리

03 학교

많이 나올 수 있는 화제입니다. 일본의 학교체계는 다음과 같은데 대학을 대학교라 하지 않고 대학이라고 하는 것이 좀 다르네요.

小学校(しょうがっこう)　中学校(ちゅうがっこう)　高等学校(こうとうがっこう)　大学(だいがく)

● 출신 학교

출신 학교를 말할 때는 이미 졸업한 상태이므로 卒業(そつぎょう)しています。(졸업했습니다.)라 표현합니다. 또한 지금 현재 다니고 있다라는 표현은 行(い)っています。라고 합니다.

■ 어느 학교에서 공부하고 계십니까?

どちらの学校で勉強なさっていますか。
도찌라노각꼬-데벵꼬-나삿떼이마스까

なさる는「する」의 높임말로「하시다」의 의미입니다.

■ 서울대학에서 공부하고 있습니다.

ソウル大学で勉強しています。
소우루다이가꾸데벵꼬-시떼이마스

■ 지금 몇 학년입니까?

今何年生ですか。
이마난넨세-데스까

何年生(なんねんせい) 몇 학년

132

Section 6

- 어느 대학을 나왔습니까?

  どちらの大学を出ましたか。

  도찌라노다이가꾸오데마시따까

- 대학에 다니고 있습니다.

  大学へ通っています。

  다이가꾸에카욧떼이마스

  行っています。 다니고 있습니다.

- 이미 졸업했습니다.

  もう卒業しています。

  모-소쯔교-시떼이마스

- 막 입학했습니다.

  入学したばかりです。

  뉴-가꾸시따바까리데스

  ~た ばかり ~한 지 얼마 안 되는
  買ったばかりのかばん 산 지 얼마 안 되는 가방

- 내년에는 졸업입니다.

  来年は卒業です。

  라이넨와소쯔교-데스

● 전공

전공 분야에 관한 다양한 단어에 대해 공부할 기회입니다.

기본 표현은 ~を専攻なさいましたか。(~을(를) 전공했습니까?) 정도로 나타냅니다.

화젯거리

■ 전공은 무엇입니까?
ご専攻は何ですか。
고센꼬-와난데스까

■ 대학에서는 무엇을 전공했습니까?
大学では何を専攻なさいましたか。
다이가꾸데와나니오셍꼬-나사이마시따까

■ 교육을 전공했습니다.
教育を専攻しました。
쿄-이꾸오셍꼬-시마시따

■ 역사를 전공했습니다.
歴史を専攻しました。
레끼시오 셍꼬-시마시따

■ 성적은 어땠습니까?
成績はどうでしたか。
세-세끼와 도-데시따까

기타

학교에 관한 여러가지 질문과 답변을 익혀보도록 하겠습니다.

■ 아르바이트를 한 경험이 있습니까?
アルバイトをした経験はありますか。
아루바이또오시따케-껭와아리마스까

Section 6

■ 어느 동아리에서 활동했습니까?

どのクラブ活動をしましたか。

도노쿠라부카쯔도-오시마시따까

■ 테니스부에 소속돼 있었습니다.

テニス部に所属していました。

테니스부니쇼조꾸시떼이마시따

■ 아무 것도 하지 않았습니다.

何もやっていませんでした。

나니모얏떼이마센데시따

■ 편의점에서 일했습니다.

コンビニで働きました。

콤비니데하따라끼마시따

コンビニは「コンビニエンスストア」の準末로 24시간 편의점을 말합니다.

■ 아이들에게 영어를 가르쳤습니다.

子供たち相手に英語を教えました。

코도모다찌아이떼니에-고오오시에마시따

~相手に ~상대로

화젯거리

04 성격

우리 모두 각자 얼굴 모습이 다르듯 그 성격 역시 제각각입니다. 상대방의 성격을 묻거나 자신의 성격은 어떤지 말할 수 있도록 준비해 봅니다.
あなたはどんな性格ですか。

● 성격

■ 당신은 어떤 성격입니까?

あなたはどんな性格ですか。

아나따와돈나세-까꾸데스까

■ 당신은 내향적입니까? 그렇지 않으면 외향적입니까?

あなたは内向的ですか、それとも外向的ですか。

아나따와나이꼬-떼끼데스까 소레또모가이꼬-떼끼데스까

内向的 ↔ 外向的

■ 당신은 적극적인 편입니까? 그렇지 않으면 소극적인 편입니까?

あなたは積極的な方ですか、それとも引っ込み思案のほうですか。

아나따와섹꾜꾸떼끼나호-데스까 소레또모힉꼬미지안노호-데스까

積極的 ↔ 消極的

■ 친구는 쉽게 사귀는 편입니까?

友だちはすぐできる方ですか。

토모다찌와스구데끼루호-데스까

136

Section 6

- 낙천적입니다.
  楽天的です。
  라꾸뗑떼끼데스

- 비관적입니다.
  悲観的です。
  히깐떼끼데스

- 유머가 있습니다.
  ユーモアがあります。
  유-모아가아리마스

- 언제나 밝습니다.
  いつも明るいです。
  이쯔모아까루이데스

- 성격이 급한 편입니다.
  気が短いほうです。
  키가미지까이호-데스

  気が短い　성격이 급하다.
  短期だ　성질이 급하다.

화젯거리

05 장래 희망

희망이나 꿈없이 살아가는 삶은 결코 행복할 수 없습니다. 여러분은 어떤 꿈을 갖고 계신가요!? 자신의 꿈을 그려보세요.
~になるのが夢です。(~이(가) 되는 것이 꿈입니다.)

◎ 장래 희망

■ 당신은 장래에 어떤 꿈이 있습니까?

あなたは将来に対して何か夢をお持ちですか。

아나따와쇼-라이니타이시떼나니까유메오오모찌데스까

■ 당신은 장래에 무엇이 될 생각입니까?

あなたは将来何になるつもりですか。

아나따와쇼-라이나니니나루츠모리데스까

■ 의사가 되고 싶습니다.

医者になりたいです。

이샤니나리따이데스

~になりたい 「~이 되고 싶다」는 꿈을 말합니다.

■ 학교 선생님이 되고 싶습니다.

学校の先生になりたいです。

각꼬-노세세-니나리따이데스

Section 6

■ 훌륭한 정치가가 되고 싶습니다.

立派な政治家になりたいです。

립빠나세-지까니나리따이데스

■ 세계적으로 유명한 피아니스트가 되고 싶습니다.

世界中で有名なピアニストになりたいです。

세까이쥬-데유-메-나피아니스또니나리따이데스

■ 자영업을 하고 싶습니다.

自分の事業をやりたいです。

지분노지교-오야리따이데스

■ 아직 뭐를 해야 좋을지 잘 모르겠습니다.

まだ何をやったらいいかよくわかりません。

마다나니오얏따라이-까요꾸와까리마셍

~たらいいかよくわかりません ~하면 좋을지 잘 모르겠습니다.

화젯거리

06 직장

직업을 갖고 있다는 것은 사회의 독립된 개체로서 우뚝 섬과 동시에 이 나라를 이끌어 가는 주체라는 뜻도 됩니다. 자신감을 갖고 열심히 일하세요. 단 직장에 관해 너무 꼬치꼬치 캐묻는 듯한 태도는 바람직하지 못합니다.

◐ 직업

직업의 종류는 참으로 다양합니다. 직업을 물을 때에는 お仕事は何ですか。(직업은 무엇입니까?) 라고 합니다.

■ 직업은 무엇입니까?

お仕事は何ですか。
오시고또와난데스까

■ 어떤 일을 하고 계십니까?

どんなお仕事をなさっていますか。
돈나오시고또오나삿떼이마스까

■ 어느 회사에 근무합니까?

どの会社に勤めていますか。
도노카이샤니츠또메떼이마스까

~に 勤める ~에 근무하다.

■ 아직 학생입니다.

まだ学生です。
마다각세-데스

- 저는 회사원입니다.

    私は会社員です。
    와따시와카이샤인데스

- 작은 회사에 근무하고 있습니다.

    小さい会社に勤めています。
    치-사이카이샤니츠또메떼이마스

- 시청에 근무하고 있습니다.

    市役所に勤めています。
    시야꾸쇼니츠또메떼이마스

- 건축관계의 일을 하고 있습니다.

    建築関係の仕事をしています。
    켄찌꾸깡께-노시고또오시떼이마스

기타

그밖에 궁금한 사항들에 관해 질문해 봅니다.

- 어느 부서에 계십니까?

    どのポストにおられますか。
    도노포스또니오라레마스까

    ポスト 부서

- 하시는 일은 어떻습니까?

    お仕事はいかがですか。
    오시고또와이까가데스까

화젯거리

■ 지금 회사에 몇 년 정도 근무하고 계십니까?

今の会社に何年ぐらい勤めていらっしゃいますか。

이마노카이샤니난넹구라이츠메떼이랏샤이마스까

■ 벌써 20년이 되었습니다.

もう20年になりました。

모-니쥬-넨니나리마시따

■ 근무한지 얼마 되지 않습니다.

勤めてまだまもないです。

츠또메떼마다마모나이데스

まだまもない。 아직 얼마 되지 않다.

■ 하시는 일은 바쁘십니까?

お仕事は忙しいですか。

오시고또와이소가시-데스까

■ 불경기여서 꽤 어렵습니다.

不景気なのでなかなか難しいです。

후께-끼나노데나까나까무즈까시-데스

■ 근무시간은 몇 시부터 몇 시까지입니까?

勤務時間は何時から何時までですか。

킴무지깐와난지까라난지마데데스까

~から ~まで 「~부터 ~까지」의 뜻으로 시간이나 거리의 시작과 끝을 나타냅니다.

Section 6

■ 9시부터 6시까지입니다.

9時から6時までです。
쿠지까라로꾸지마데데스

■ 급료에 대해 어떻게 생각합니까?

給料についてどう思いますか。
큐-료-니츠이떼도-오모이마스까

~について   ~에 대해
会社についてどう思いますか。 회사에 대해 어떻게 생각합니까?

■ 만족합니다.

満足しています。
만조꾸시떼이마스

■ 다른 회사에 비해 낮은 편입니다.

ほかの会社とくらべて安い方です。
호까노카이샤또쿠라베떼야스이호-데스

~とくらべて   ~와 비교해서, 즉 ~에 비해의 뜻으로 사용하면 됩니다.

화젯거리

07 건강

워낙 바쁘게 돌아가는 시대인 만큼 제대로 챙기지 못하면 금방 잃게 되는 것이 건강입니다. 그래서 너나 할 것 없이 관심도 많아 생활 곳곳에서도 건강, 웰빙 열풍이 한창이죠. 서로의 의견 교환도 되고 정보도 얻을 수 있으니 즐거이 대화를 나눠 보세요.

◐ 건강 여부

건강 여부를 물을 때는 ごきげんいかがですか。(건강은 어떠십니까?) 라고 하면 됩니다.

■ 건강한 편입니까?

体は大丈夫なほうですか。

카라다와다이죠-부나호-데스까

■ 무척 건강합니다.

大変元気です。

타이헹겡끼데스

■ 그다지 건강한 편이 아닙니다.

あまり丈夫なほうではありません。

아마리죠-부나호-데와아리마셍

■ 요즘 식욕이 없습니다.

この頃食欲がありません。

코노고로쇼꾸요꾸가아리마셍

■ 기운이 없어 보이네요.

元気がないようですね。

겡끼가나이요-데스네

 운동

당신은 건강을 유지하기 위해 어떤 운동을 하고 계십니까? 자신의 경우와도 대비시켜 답변해 보세요.

■ 건강을 위해 뭔가 운동을 하고 있습니까?

健康のために何か運動をしていますか。

켕꼬-노타메니나니까운도-오시떼이마스까

~のために ~을 위해
将来のために勉強する 장래를 위해 공부하다.

■ 매일 아침 조깅을 하고 있습니다.

毎朝、ジョギングをしています。

마이아사 죠깅구오시떼이마스

ジョギングをする 조깅을 하다.
テニスをする   테니스를 치다.

■ 아니오, 하고 있지 않습니다.

いいえ、していません。

이-에 시떼이마셍

■ 해야겠다고는 생각하고 있습니다.

しなければとは思っています。

시나께레바또와오못떼이마스

화젯거리

- 운동은 건강의 비결입니다.

運動は健康の元です。
<ruby>運<rt>うん</rt></ruby><ruby>動<rt>どう</rt></ruby>は<ruby>健<rt>けん</rt></ruby><ruby>康<rt>こう</rt></ruby>の<ruby>元<rt>もと</rt></ruby>です。

운도-와켕꼬-노모또데스

화젯거리

08 취미

내가 가진 취미에 상대방이 관심을 갖거나 같은 경우라면 정말로 대화가 잘 통하겠죠!?
아마 당신의 취미가 화제로 오른다면 당신만큼 전문가도 없습니다.

私の趣味は~です。(제 취미는 ~입니다.)

◎ 취미

■ 당신의 취미는 무엇입니까?

あなたの趣味は何ですか。

아나따노슈미와난데스까

■ 무슨 취미가 있으십니까?

何かご趣味はありますか。

나니까고슈미와아리마스까

상대방에게 정중하게 취미를 물어볼 때는 「趣味」 앞에 접두어 「ご」를 붙여 말합니다.

■ 여가 시간에는 무엇을 합니까?

暇な時には何をしますか。

히마나토끼니와나니오시마스까

暇な時 여가 시간

■ 제 취미는 음악 감상입니다.

私の趣味は音楽鑑賞です。

와따시노슈미와옹가꾸깐쇼-데스

147

화젯거리

- 제 취미는 독서입니다.

  私の趣味は読書です。
  와따시노슈미와독쇼데스

- 제 취미는 낚시입니다.

  私の趣味は釣りです。
  와따시노슈미와츠리데스

- 아니오, 특별히 없습니다.

  いいえ、別にありません。
  이-에 베쯔니아리마셍

- 금방 싫증이 납니다.

  すぐいやになります。
  스구이야니나리마스

- 저는 음악에는 전혀 흥미가 없습니다.

  わたしは音楽には全然興味がありません。
  와따시와옹가꾸니와젠젱쿄-미가아리마셍

  全然 전혀, 도무지

화젯거리

09 날씨

인사를 나눈 뒤나, 그날그날 보는 사이라도 가장 편하게 화제로 꺼낼 수 있다면 아마 날씨에 관한 얘기일 겁니다. 계절별로 나올 수 있는 각종 표현들을 익혀 자연스럽게 대화를 이어 보세요.
いい天気ですね。

● 일기예보

일기예보는 일본어로 天気予報라고 합니다. 일기예보로 들은 표현을 말할 때는 天気予報によると, 또는 天気予報では 등의 식으로 말하면 됩니다.

■ 날씨는 어떻습니까?

お天気は どうですか。

오뗑끼와 도-데스까

■ 오늘 일기예보는 뭐라고 합니까?

今日の天気予報はどうなっていますか。

쿄-노뗑끼요호-와도-낫떼이마스까

■ 기온은 몇 도입니까?

気温は何度ですか。

키온와난도데스까

■ 일기예보에서는 비가 온다고 했습니다.

天気予報では雨と言っていました。

뗑끼요호-데와아메또잇떼이마시따

| 화젯거리

● 맑은 날씨

날씨가 맑으면 마음도 그만큼 밝아지는 것 같습니다.

- 날씨가 좋군요.

  いい天気ですね。

  이-텡끼데스네

- 개인 날씨입니다.

  晴れた天気です。

  하레따텡끼데스

● 흐린 날씨

どんよりしていますね。(날씨가 흐려 있군요.) 등의 표현이 있습니다.

- 궂은 날씨군요.

  ひどい天気ですね。

  히도이텡끼데스네

- 점점 흐려지네요.

  だんだん曇ってきましたよ。

  단당쿠못떼기마시따요

Section 6

🌀 눈·비

눈이나 비가 내릴 때에는 「降る」라는 동사를 쓰며 비가 그쳤을 때는 「止む」 또는 「あがる」를 씁니다.

■ 비가 내리고 있습니다.
雨が降っています。
아메가훗떼이마스

■ 비가 올 것 같습니다.
雨になりそうです。
아메니나리소-데스

■ 억수같이 쏟아지는군요.
どしゃ降りになりますね。
도샤부리니나리마스네

どしゃ降り 비가 억수같이 쏟아짐, 또는 그 비를 말합니다.

■ 비가 그쳤습니다.
雨が上がりました。
아메가아가리마시따

■ 눈이 많이 쌓였습니다.
雪がたくさんつもりました。
유끼가탁상츠모리마시따

151

화젯거리

● 기타

날씨와 관련된 다양한 표현들을 익혀 봅니다.

■ 바람이 붑니다.

風が 吹きます。
카제가 후끼마스

■ 따뜻하군요.

あたたかいですね。
아따따까이데스네

■ 선선하군요.

すずしいですね。
스즈시-데스네

■ 정말 덥군요.

ほんとうに暑いですね。
혼또-니아쯔이데스네

■ 너무 추워서 얼 것 같습니다.

とてもさむくてこごえそうです。
토떼모사무꾸떼코고에소-데스

~そうだ ~할 것 같다.(전문・양태)

雨が降りそうです。 비가 내릴 것 같습니다.(양태)

午後は雨だそうです。 오후에는 비가 내린답니다.(전문)

화젯거리

10 계절

일본은 우리와 마찬가지로 사계절의 변화가 뚜렷한 곳입니다. 그리고 국토도 긴 지형적 특성을 가지고 있어 다양한 날씨 변화를 보이기도 합니다. 또한 여름에는 무덥고 습한 날씨가 계속됩니다.

◎ 사계절 표현

■ 한국에는 사계절의 변화가 뚜렷합니다.
韓国は四季の変化がはっきりしています。
캉꼬꾸노시끼노헹까가핫끼리시떼이마스

■ 당신이 가장 좋아하는 계절은 무엇입니까?
あなたの一番好きな季節は何ですか。
아나따노이찌방스끼나키세쯔와난데스까

一番 가장, 제일

■ 봄을 가장 좋아합니다.
春が一番好きです。
하루가이찌방스끼데스

~が 好きだ。 ~을(를) 좋아하다.

■ 봄에는 꽃이 핍니다.
春にははなが咲きます。
하루니와하나가사끼마스

화젯거리

- 여름은 무덥습니다.
 夏はむし暑いです。
 나쯔와무시아쯔이데스

- 장마도 있습니다.
 梅雨もあります。
 츠유모아리마스

- 가을은 단풍이 듭니다.
 秋は紅葉します。
 아끼와코-요-시마스

- 겨울은 추위가 몹시 심합니다.
 冬は寒さがとてもきびしいです。
 후유와사무사가토떼모키비시-데스

- 겨울에는 눈이 많이 내립니다.
 冬には雪がたくさん降ります。
 후유니와유끼가탁상후리마스

07

숫자

숫자만큼 회화에서 많이 등장하는 표현이 있을까요. 그러니까 되로 배워서 말로 써먹을 수 있단 말로도 해석이 됩니다. 기본적인 숫자와 조수사·서수·분수·소수까지 우리 한 번 완죤~히 마스터해 볼까요!? 일본어도 조수사 읽기가 만만치 않지만 차근차근 해나가기로 하고, 숫자를 응용해서 날짜나 요일·생년월일 등에 관한 회화 장면 등을 다루기로 하겠습니다.

숫자

01  숫자

숫자가 거리낌 없이 입에서 나오려면 많이 노력해야겠죠. 그렇지만 한 번 마스터해 놓기만 하면 쓰일 곳은 무궁무진하답니다.

🔥 수

1부터 1000, 10000에 이르는 기본수를 익혀보겠습니다.

0	1	2	3	4	5
ゼロ	いち	に	さん	し(よん)	ご
제로	이찌	니	상	시(용)	고

6	7	8	9	10
ろく	しち(なな)	はち	きゅう(く)	じゅう
로꾸	시찌(나나)	하찌	큐-(쿠)	쥬-

10	20	30	40	50
じゅう	にじゅう	さんじゅう	よんじゅう	ごじゅう
쥬-	니쥬-	산쥬-	온쥬-	고쥬-

60	70	80	90
ろくじゅう	ななじゅう	はちじゅう	きゅうじゅう
로꾸쥬-	나나쥬-	하찌쥬-	큐-쥬-

100
ひゃく
햐꾸

Section 7

100 ひゃく
하꾸

200 にひゃく
니하꾸

300 さんびゃく
삼바꾸

400 よんひゃく
욘하꾸

500 ごひゃく
고하꾸

600 ろっぴゃく
롭빠꾸

700 ななひゃく
나나하꾸

800 はっぴゃく
핫빠꾸

900 きゅうひゃく
큐-하꾸

1000 せん
셍

2000 にせん
니셍

3000 さんぜん
산젱

4000 よんせん
욘셍

5000 ごせん
고셍

6000 ろくせん
록셍

7000 ななせん
나나셍

8000 はっせん
핫셍

9000 きゅうせん
큐-셍

10000 いちまん
이찌망

100000 じゅうまん
쥬-망

1000000 ひゃくまん
햐꾸망

10000000 せんまん
셈망

100000000 いちおく
이찌오꾸

| 숫자 |

● 조수사

일본어는 개체별로 숫자를 세는 법이 많이 다릅니다. 보통 연필같은 길고 가는 것을 셀 때는 ~本(ほん), 책의 권수를 셀 때는 ~冊(さつ) 등의 식이죠. 주로 많이 쓰이는 활용예를 통해 조수사 읽기에 들어가겠습니다.

고유수사

一つ 히또쯔	ひとつ	하나
二つ 후따쯔	ふたつ	둘
三つ 밋쯔	みっつ	셋
四つ 욧쯔	よっつ	넷
五つ 이쯔쯔	いつつ	다섯
六つ 뭇쯔	むっつ	여섯
七つ 나나쯔	ななつ	일곱
八つ 얏쯔	やっつ	여덟
九つ 코꼬노쯔	ここのつ	아홉
十 토-	とお	열

~자루 (연필과 같은 긴 물건을 셀 때)

一本 잇뽕	いっぽん	한 자루
二本 니홍	にほん	두 자루
三本 삼봉	さんぼん	세 자루
四本 욘홍	よんほん	네 자루
五本 고홍	ごほん	다섯 자루
六本 롯뽕	ろっぽん	여섯 자루
七本 시찌·나나홍	しち・ななほん	일곱 자루
八本 하찌·핫뽕	はち・はっぽん	여덟 자루
九本 큐-홍	きゅうほん	아홉 자루
十本 줏·짓뽕	じゅっ・じっぽん	열 자루
何本 남봉	なんぼん	몇 자루

~장 (셔츠・종이 등의 얇은 물건을 셀 때)

一枚 이찌마이	いちまい	한 장
二枚 니마이	にまい	두 장
三枚 삼마이	さんまい	세 장
四枚 욤마이	よんまい	네 장
五枚 고마이	ごまい	다섯 장
六枚 로꾸마이	ろくまい	여섯 장
七枚 시찌・나나마이	しちまい・ななまい	일곱 장
八枚 하찌마이	はちまい	여덟 장
九枚 큐-마이	きゅうまい	아홉 장
十枚 쥬-마이	じゅうまい	열 장
何枚 남마이	なんまい	몇 장

~권 (노트나 책 등을 셀 때)

一冊 잇사쯔	いっさつ	한 권
二冊 니사쯔	にさつ	두 권
三冊 산사쯔	さんさつ	세 권
四冊 욘사쯔	よんさつ	네 권
五冊 고사쯔	ごさつ	다섯 권
六冊 록사쯔	ろくさつ	여섯 권
七冊 나나사쯔	ななさつ	일곱 권
八冊 핫사쯔	はっさつ	여덟 권
九冊 큐-사쯔	きゅうさつ	아홉 권
十冊 줏・짓사쯔	じゅっ・じっさつ	열 권
何冊 난사쯔	なんさつ	몇 권

숫자

⏰ ~개 (계란・사과 등 작은 물건을 셀 때)

一個 잇꼬	いっこ	한 개
二個 니꼬	にこ	두 개
三個 상꼬	さんこ	세 개
四個 용꼬	よんこ	네 개
五個 고꼬	ごこ	다섯 개
六個 롯꼬	ろっこ	여섯 개
七個 나나꼬	ななこ	일곱 개
八個 하찌・핫꼬	はち・はっこ	여덟 개
九個 큐-꼬	きゅうこ	아홉 개
十個 줏・짓꼬	じゅっ・じっこ	열 개
何個 낭꼬	なんこ	몇 개

사람

一人 히또리	ひとり	한 명
二人 후따리	ふたり	두 명
三人 산닝	さんにん	세 명
四人 요닝	よにん	네 명
五人 고닝	ごにん	다섯 명
六人 로꾸닝	ろくにん	여섯 명
七人 시찌·나나닝	しち・ななにん	일곱 명
八人 하찌닝	はちにん	여덟 명
九人 큐-닝	きゅうにん	아홉 명
十人 쥬-닝	じゅうにん	열 명
何人 난닝	なんにん	몇 명

숫자

⏰ ~켤레 (구두나 양말 등의 물건을 셀 때)

一足 잇소꾸	いっそく	한 켤레
二足 니소꾸	にそく	두 켤레
三足 산조꾸	さんぞく	세 켤레
四足 욘소꾸	よんそく	네 켤레
五足 고소꾸	ごそく	다섯 켤레
六足 록소꾸	ろくそく	여섯 켤레
七足 나나소꾸	ななそく	일곱 켤레
八足 핫소꾸	はっそく	여덟 켤레
九足 큐-소꾸	きゅうそく	아홉 켤레
十足 줏・짓소꾸	じゅっ・じっそく	열 켤레
何足 난조꾸	なんぞく	몇 켤레

회 (횟수를 셀 때)

一回 잇까이	いっかい	1회
二回 니까이	にかい	2회
三回 상까이	さんかい	3회
四回 용까이	よんかい	4회
五回 고까이	ごかい	5회
六回 롯까이	ろっかい	6회
七回 나나까이	ななかい	7회
八回 핫까이	はっかい	8회
九回 큐-까이	きゅうかい	9회
十回 줏·짓까이	じゅっ・じっかい	10회
何回 낭까이	なんかい	몇 회

숫자		
一匹 잇삐끼	いっぴき	한 마리
二匹 니히끼	にひき	두 마리
三匹 삼비끼	さんびき	세 마리
四匹 욘히끼	よんひき	네 마리
五匹 고히끼	ごひき	다섯 마리
六匹 롯삐끼	ろっぴき	여섯 마리
七匹 나나히끼	ななひき	일곱 마리
八匹 핫삐끼	はっぴき	여덟 마리
九匹 큐-히끼	きゅうひき	아홉 마리
十匹 줏·짓삐끼	じゅっ・じっぴき	열 마리
何匹 남비끼	なんびき	몇 마리

⏰ ~마리 (개·고양이 등의 작은 동물을 셀 때)

Section 7

⏰ ~마리 (소 · 말 · 코끼리 등의 큰 동물을 셀 때)

一頭 잇또-	いっとう	한 마리
二頭 니또-	にとう	두 마리
三頭 산또-	さんとう	세 마리
四頭 욘또-	よんとう	네 마리
五頭 고또-	ごとう	다섯 마리
六頭 로꾸또-	ろくとう	여섯 마리
七頭 나나또-	ななとう	일곱 마리
八頭 핫또-	はっとう	여덟 마리
九頭 큐-또-	きゅうとう	아홉 마리
十頭 줏·짓또	じゅっ・じっとう	열 마리
何頭 난또-	なんとう	몇 마리

숫자

⏰ ~ 층

一階 잇까이	いっかい	일 층
二階 니까이	にかい	이 층
三階 상가이	さんがい	삼 층
四階 용까이	よんかい	사 층
五階 고까이	ごかい	오 층
六階 롯까이	ろっかい	육 층
七階 나나까이	ななかい	칠 층
八階 핫까이	はっかい	팔 층
九階 큐-까이	きゅうかい	구 층
十階 줏・짓까이	じゅっ・じっかい	십 층
何階 낭가이	なんがい	몇 층

~대 (자전거·자동차·텔레비전 등을 셀 때)

一台 이찌다이	いちだい	한 대
二台 니다이	にだい	두 대
三台 산다이	さんだい	세 대
四台 욘다이	よんだい	네 대
五台 고다이	ごだい	다섯 대
六台 로꾸다이	ろくだい	여섯 대
七台 나나다이	ななだい	일곱 대
八台 하찌다이	はちだい	여덟 대
九台 큐-다이	きゅうだい	아홉 대
十台 쥬-다이	じゅうだい	열 대
何台 난다이	なんだい	몇 대

숫자

⏰ ~채 (집을 셀 때)

一軒 잇껭	いっけん	한 채
二軒 니껭	にけん	두 채
三軒 상겡	さんげん	세 채
四軒 용껭	よんけん	네 채
五軒 고껭	ごけん	다섯 채
六軒 롯껭	ろっけん	여섯 채
七軒 나나껭	ななけん	일곱 채
八軒 핫껭	はっけん	여덟 채
九軒 큐-껭	きゅうけん	아홉 채
十軒 즛·짓껭	じゅっ・じっけん	열 채
何軒 낭겡	なんげん	몇 채

~잔 (물이나 커피 등 음료수의 양을 셀 때)

一杯 잇빠이	いっぱい	한 잔
二杯 니하이	にはい	두 잔
三杯 삼바이	さんばい	세 잔
四杯 욘하이	よんはい	네 잔
五杯 고하이	ごはい	다섯 잔
六杯 롯빠이	ろっぱい	여섯 잔
七杯 나나하이	ななはい	일곱 잔
八杯 핫빠이	はっぱい	여덟 잔
九杯 큐-하이	きゅうはい	아홉 잔
十杯 줏·짓빠이	じゅっ・じっぱい	열 잔
何杯 남바이	なんばい	몇 잔

숫자

⏰ ~살, 세 (나이를 셀 때)

一才 잇사이	いっさい	한 살
二才 니사이	にさい	두 살
三才 산사이	さんさい	세 살
四才 욘사이	よんさい	네 살
五才 고사이	ごさい	다섯 살
六才 록사이	ろくさい	여섯 살
七才 나나사이	ななさい	일곱 살
八才 핫사이	はっさい	여덟 살
九才 큐-사이	きゅうさい	아홉 살
十才 줏・짓사이	じゅっ・じっさい	열 살
何才 난사이	なんさい	몇 살

~엔(돈을 셀 때)

一円 이찌엥	いちえん	1엔
二円 니엥	にえん	2엔
三円 상엥	さんえん	3엔
四円 요엥	よえん	4엔
五円 고엥	ごえん	5엔
六円 로꾸엥	ろくえん	6엔
七円 나나엥	ななえん	7엔
八円 하찌엥	はちえん	8엔
九円 큐-엥	きゅうえん	9엔
十円 쥬-엥	じゅうえん	10엔
何円 낭엥	なんえん	몇 엔

숫자

⏰ ~번 (순서를 셀 때)

一番 이찌방	いちばん	1번
二番 니방	にばん	2번
三番 삼방	さんばん	3번
四番 욤방	よんばん	4번
五番 고방	ごばん	5번
六番 로꾸방	ろくばん	6번
七番 나나방	ななばん	7번
八番 하찌방	はちばん	8번
九番 큐-방	きゅうばん	9번
十番 쥬-방	じゅうばん	10번
何番 남방	なんばん	몇 번

⏰ ~척 (배의 수를 셀 때)

一隻 잇세끼	いっせき	한 척
二隻 니세끼	にせき	두 척
三隻 산세끼	さんせき	세 척
四隻 욘세끼	よんせき	네 척
五隻 고세끼	ごせき	다섯 척
六隻 록세끼	ろくせき	여섯 척
七隻 나나세끼	ななせき	일곱 척
八隻 핫세끼	はっせき	여덟 척
九隻 큐-세끼	きゅうせき	아홉 척
十隻 줏・짓세끼	じゅっ・じっせき	열 척
何隻 난세끼	なんせき	몇 척

숫자

● 분수

~の라는 표현을 써서 나타냅니다.

にぶんのいち　　1/2
니분노이찌

さんぶんのいち　1/3
삼분노이찌

ごぶんのに　　　2/5
고분노니

● 소수

~てん이라는 표현을 써서 나타냅니다.

0.34　れいてんさんよん
　　　레-뗑상용

1.12　いってんいちに
　　　잇뗑이찌니

● 소수

어떻게 다른지 한번 살펴 볼까요!?

1번	2번	3번
いちばん	にばん	さんばん
一番	二番	三番
이찌방	니방	삼방

첫 번째	두 번째	세 번째
いちばんめ	にばんめ	さんばんめ
一番目	二番目	三番目
이찌밤메	니밤메	삼밤메

숫자

02 시간

시간을 물을 때는 今何時ですか。(지금 몇 시입니까?)라고 하면 됩니다.
~시와 ~분을 나타내는 표현을 중심으로 익혀 보세요.

~過ぎ ~지남, ~半 ~반, ~時ちょうど ~시 정각

♪ 시간

■ 시간을 가르쳐 주십시오.

じかんを 教えてください。

지깡오 오시에떼구다사이

■ 시간을 가르쳐 주시겠습니까?

時間を 教えていただけますか。

지깡오오시에떼이따다께마스까

~ていただけますか。 ~해 주시겠습니까?

■ 지금 몇 시입니까?

いま 何時ですか。

이마난지데스까

■ 6시 정각입니다.

6時 ちょうどです。

로꾸지쵸-도데스

ちょうど 정확히, 꼭. 여기서는 정각이라는 의미.

숫자

■ 오후 6시 55분입니다.

午後 6時 55分です。
고고 로꾸지 고쥬-고훈데스

■ 9시 5분전입니다.

9時 5分前です。
쿠지 고훔마에데스

~前 ~전

■ 5시 정각입니다.

5時ちょうどです。
고지쵸-도데스

■ 4시 반입니다.

4時半です。
요지한데스

~時半 ~시 반

■ 1시 조금 지났습니다.

1時ちょっと過ぎです。
이찌지춋또스기데스

~過ぎ ~지남

■ 당신의 시계는 맞습니까?

あなたの 時計は 合っていますか。
아나따노토께-와앗떼이마스까

時計は 合っていますか。 시계는 맞습니까? ~ている의 형태로 쓰이는 것에 유의하세요.

Section 7

■ 그 시계는 빠릅니까? 느립니까?

その時計は進んでいますか、遅れていますか。

소노토께-와스슨데이마스까 오꾸레떼이마스까

■ 5분쯤 빠른 것 같습니다.

5分ほど進んでいるようです。

고훈호도스슨데이루요-데스

~ようです。~하는 것 같습니다.

■ 10분 가량 늦는 것 같습니다.

10分ほど遅れているようです。

쥿뿐호도오꾸레떼이루요데스

■ 시간은 아직 많이 있습니다.

時間はまだたっぷりあります。

지깐와마다탓뿌리아리마스

■ 시간이 없습니다.

時間がありません。

지깡가아리마셍

■ 좀 더 시간이 필요합니다.

もっと時間がほしいんです。

못또지깡가호시-ㄴ데스

■ 6시면 어떻습니까?

6時ではいかがですか。

로꾸지데와이까가데스까

숫자

- **몇 시가 제일 좋으십니까?**

   何時が一番よろしいですか。
   난지가이찌방요로시-데스까

- **얼마나 걸립니까?**

   どのくらいかかりますか。
   도노구라이카까리마스까

   どのくらい 얼마나, 정도를 물을 때 사용됩니다.

- **2시간 걸립니다.**

   2時間かかります。
   니지깡카까리마스

숫자

03 날짜

ついたち	ふつか	みっか	よっか	いつか
一日	二日	三日	四日	五日

むいか	なのか	ようか	ここのか	とおか
六日	七日	八日	九日	十日

じゅういちにち	じゅうよっか	はつか	にじゅうよっか
十一日	十四日	二十日	二十四日~

🗨 날짜

■ 오늘은 며칠입니까?

今日は何日ですか。

쿄-와난니찌데스까

■ 오늘은 몇 월 며칠입니까?

今日は何月何日ですか。

쿄-와낭가쯔난니찌데스까

■ 내일은 며칠입니까?

あしたは何日ですか。

아시따와난니찌데스까

■ 어제는 며칠이었습니까?

昨日は何日でしたか。

키노-와난니찌데시따까

■ 오늘은 4월 24일입니다.

今日は4月24日です。

쿄-와시가쯔니쥬-욧까데스

숫자

- 20일입니다.
 20日です。
 하쯔까데스

- 음력으로 1월 15일입니다.
 旧暦で1月15日です。
 큐-레끼데이찌가쯔쥬-고니찌데스

숫자

04 요일

げつようび　かようび　すいようび　もくようび　きんようび　どようび　にちようび
月曜日　火曜日　水曜日　木曜日　金曜日　土曜日　日曜日
월요일과 토요일에 탁음이 붙네요.

● 요일

■ 오늘은 무슨 요일입니까?
今日は何曜日ですか。
쿄-와낭요-비데스까

■ 그 날은 무슨 요일입니까?
その日は何曜日ですか。
소노히와낭요-비데스까

■ 5월 5일은 무슨 요일입니까?
5月5日は何曜日ですか。
고가쯔이쯔까와낭요-비데스까

■ 그 날은 무슨 요일이었습니까?
その日は何曜日でしたか。
소노히와낭요-비데시따까

■ 금요일입니다.
金曜日です。
킹요-비데스

183

숫자

- 그 날은 수요일입니다.
 その日は水曜日です。
 소노히와스이요-비데스

숫자

05 생년월일

たんじょうび
誕生日(생일)

せいねんがっぴ
生年月日(생년월일)

なんねんう
何年生まれですか。(몇 년 생입니까?)

● 생년월일

■ 당신은 몇 년 생입니까?

あなたは何年生まれですか。
아나따와 난넹우마레데스까

■ 당신의 생년월일은 언제입니까?

あなたの生年月日はいつですか。
아나따노 세-넹갓삐와 이쯔데스까

■ 생일은 언제입니까?

誕生日はいつですか。
탄죠-비와 이쯔데스까

■ 몇 살입니까?

おいくつですか。
오이꾸쯔데스까

숫자

- 올해 몇 살입니까?

今年おいくつですか。
코또시오이꾸쯔데스까

- 나이를 여쭤봐도 되겠습니까?

おとしを伺ってもよろしいですか。
오또시오우까갓떼모요로시-데스까

- 아버님은 올해 몇이십니까?

お父さんはことしおいくつですか。
오또-산와코또시오이꾸쯔데스까

- 자녀분은 몇 살입니까?

お子さんは何才ですか。
오꼬산와난사이데스까

- 1984년 1월 25일입니다.

1984年1月25日です。
셍큐-햐꾸하찌쥬-요넹이찌가쯔니쥬-고니찌데스

- 12살입니다.

12才です。
쥬-니사이데스

- 올해 칠순이십니다.

ことし70才です。
코또시나나쥿-사이데스

Section 7

- 나이는 별로 얘기하고 싶지 않은데요.

年齢のことは話したくないんですが。

넨레-노고또와하나시따꾸나인데스가

- 만으로 40살입니다.

満で40才です。

만데욘쥿사이데스

- 금년에 스무살이 됩니다.

ことしちょうど20才になります。

코또시쵸-도하따찌니나리마스

20才 읽는 법이 좀 다르죠?

회화 표현에 필요한 기초 문형

- **~してください。** ~해 주십시오.
  - 예 ゆっくり話してください。 천천히 말씀해 주십시오.

- **~なさい。** ~하시오.
  - 예 早く行きなさい。 빨리 가시오.

- **~は どれですか。** ~은(는) 어느 것입니까?
  - 예 一番おいしいのはどれですか。
    제일 맛있는 것은 어느 것입니까?

- **~は いくらですか。** ~은(는) 얼마입니까?
  - 예 このパンはいくらですか。 이 빵은 얼마입니까?

- **~だろう。** ~이겠지.
  - 예 今ソウルは雪だろう。 지금 서울은 눈이 내리겠지.

- **~でしょう。** ~이겠지요.
  - 예 まだ公園で待っているでしょう。
    아직 공원에서 기다리고 있겠지요.

- **~と いいます。** ~라고 합니다.
  - 예 日本の首都は東京といいます。
    일본의 수도는 동경이라고 합니다.

08

전화

손짓이나 발짓도 힘들고 상황을 보면서 눈치껏 알아들을 수도 없고 그만큼 전화로 의사소통을 하기란 쉬운 일이 아닙니다. 그만큼 철저히 준비해둘 필요가 있습니다. 더욱이 비즈니스 관계라면 얼마나 답답하고 초조하겠습니까? 내가 말하고 싶은 용건 이외에 메모를 남기거나 통화중이거나 부재중일 때 등 여러 상황에 대비, 표현들을 익히기로 합니다. 우선 전화 걸기부터 시작해 볼까요!?

01 전화를 걸 때

일본어로 여보세요는 もしもし 라고 합니다. 전화를 걸면 자신의 신분을 밝히고 통화 상대를 바꿔줄 것을 요구합니다.

🎵 전화를 걸 때

■ 여보세요, ~씨를 부탁합니다.

もしもし、~さんをお願いします。
모시모시 ~상오오네가이시마스

■ 여보세요, ~씨 댁입니까?

もしもし、~さんのお宅ですか。
모시모시 ~산노오따꾸데스까

■ 김씨는 계십니까?

金さんはおられますか。
키무산와오라레마스까

■ 스즈키씨를 불러 주시겠습니까?

鈴木さんを呼んでもらえますか。
스즈끼상오욘데모라에마스까

■ 야마다 과장님 계십니까?

山田課長いらっしゃいますか。
야마다카쬬-이랏샤이마스까

課長 과장님. 직함에는 「さん」을 붙이지 않습니다.

- 야마다 있습니까?

　山田いますか。
　야마다이마스까

- 다나카 씨와 이야기하고 싶은데요.

　田中さんとお話ししたいんですが。
　타나까산또오하나시시따인데스가

- 여보세요, 박씨세요?

　もしもし、そちら朴さんでしょうか。
　모시모시 소찌라박상데쇼-까

- 요시다씨는 계십니까?

　吉田さんはいらっしゃいますか。
　요시다산와이랏샤이마스까

- 내선 7번을 부탁합니다.

　内線の七番をお願いします。
　나이센노나나방오오네가이시마스

- 영업부 이씨와 통화하고 싶은데요.

　営業部の李さんとお話ししたいんですが。
　에-교-부노이상또오하나시시따인데스가

- 저는 김이라고 합니다.

　こちらは金と申します。
　코찌라와키무또모-시마스

전화

- 전화 빌릴 수 있습니까?

電話をお借りできますか。
뎅와오오까리데끼마스까

- 영업부로 돌려 줄 수 있습니까?

営業部に回していただけますか。
에-교-부니마와시떼이따다께마스까

- 어느 과의 김입니까?

どちらの課の金でございましょうか。
도찌라노까노키무데고자이마쇼-까

- 밤늦게 정말 죄송합니다.

夜遅くどうもすみません。
요루오소꾸도-모스미마셍

・夜遅く 밤늦게   ・朝早く 아침 일찍   ・お忙しいところ 바쁘신 데

- 갑자기 걸어 죄송합니다.

突然電話してすみません。
토쯔젠뎅와시떼스미마셍

- 이른 아침에 죄송합니다.

早朝、恐れ入ります。
소-쬬- 오소레이리마스

전화

02 전화를 받을 때

이쪽 신분을 밝혀주는 것도 전화 받는 사람의 예의라고 할 수 잇겠죠. 통화 상대가 자신이 아니라면 정중히 기다려줄 것을 요구하세요.

ちょっとお待ちください。(잠시 기다려 주십시오.)

◎ 전화를 받을 때

■ 전화 좀 받아 주세요.

ちょっと 電話を取ってください。
촛또 뎅와오톳떼구다사이

電話を取る 전화를 받다 ↔ 電話をかける 전화를 걸다

■ 제가 받을게요.

私が 出ます。
와따시가데마스

■ 제가 전화를 받겠습니다.

私が電話に出ましょう。
와따시가뎅와니데마쇼-

■ 누가 좀 받아 주세요.

だれか出てください。
다레까데떼구다사이

■ 전화 왔어요.

電話が鳴ってるよね。
뎅와가낫떼루요네

| 전화

- 김씨, 전화입니다.
  金さん、お電話です。
  키무상 오뎅와데스

- 급한 일이래요.
  急用ですって。
  큐-요-데슷떼

- 접니다만.
  私ですが。
  와따시데스가

- 제가 야마다인데요.
  私が山田ですが。
  와따시가야마다데스가

- 네, 스즈키입니다.
  はい、鈴木ですが。
  하이 스즈끼데스가

- 전화 바꿨습니다.
  お電話 代りました。
  오뎅와카와리마시따

- 무슨 일이십니까?
  何でございましょうか。
  난데고자이마쇼-까

Section 8

■ 곧 바꿔드리겠습니다.

ただいま代(かわ)ります。

타다이마카와리마스

■ 요시다씨한테 전화입니다.

吉田(よしだ)さんからお電話(でんわ)です。

요시다상까라오뎅와데스

■ 잠시 확인하겠습니다.

ちょっと確認(かくにん)させてください。

춋도카꾸닌사세떼구다사이

■ 저는 야마다입니다.

私(わたし)は 山田(やまだ)です。

와따시와야마다데스

■ 누구십니까?

どちら様(さま)ですか。

도찌라사마데스까

どちら様(さま) 누구. 상대방을 확인할 때 쓰는 말입니다.

■ 누구를 찾으십니까?

どなたを お探(さが)しですか。

도나따오 오사가시데스까

■ 누구를 바꿔 드릴까요?

だれに おつなぎしましょうか。

다레니 오쯔나기시마쇼-까

~に つなぐ ~로 연결하다, 바꾸다.

| 전화

- **~씨를 부탁합니다.**

    ~さんを お願いします。

    ~상오 오네가이시마스

- **실례지만 누구십니까?**

    失礼ですが、どちら様でしょうか。

    시쯔레-데스가 도찌라사마데쇼-까

- **잠시 기다려 주세요.**

    少々お待ちください。

    쇼-쇼-오마찌구다사이

- **내선 7번으로 돌리겠습니다.**

    内線の7番におつなぎいたします。

    나이센노나나반니오쯔나기이따시마스

    いたす:「する」의 겸양어. ~하다.

- **지금 돌려 드리겠습니다.**

    ただいま、お回しいたします。

    타다이마 오마와시이따시마스

- **담당 부서로 돌리겠습니다.**

    担当の部署にお回しします。

    탄또-노부쇼니오마와시마스

- **그대로 기다려 주세요.**

    そのままお待ちください。

    소노마마오마찌구다사이

전화

03 전화를 끊을 때

전화를 끊을 때는 정중히 다음과 같이 말해 보세요. 상대방에 대한 예우는 한결 마음을 따뜻하게 합니다. 전화 준 것에 대한 감사 인사도 좋겠죠!?

ごめんください。失礼します。(이만 끊겠습니다.)

● 전화를 끊을 때

■ 전화 끊을게.

電話切るよ。
뎅와키루요

電話を 切る 전화를 끊다.

■ 이만 끊겠습니다.(남성)

失礼します。
시쯔레-시마스

■ 이만 끊겠습니다.(여성)

ごめんください。
고멩구다사이

■ 또 전화 주십시오.

またお電話ください。
마따오뎅와구다사이

| 전화

- 또 연락해 주십시오.

 また連絡してください。

 마따렌라꾸시떼구다사이

- 언제라도 전화해 주십시오.

 いつでも電話してください。

 이쯔데모뎅와시떼구다사이

전화

04 메모를 남길 때

전화는 걸었는데 상대가 없다면 메모라도 남겨야 합니다. 그럴 때는 이런 식의 표현을 씁니다.

~とお伝えください。(~라고 전해 주세요.)

~から電話があったとお伝えください。(~한테 전화가 왔다고 전해 주십시오.)

메모를 남길 때

■ 메시지를 남기시겠습니까?

メッセージを 残しますか。
멧세-지오노꼬시마스까

■ 지금 어디에 있는지 아십니까?

いま どこに いるか おわかりますか。
이마도꼬니이루까 오와까리마스까

■ 전화하셨다고 전해 드릴까요?

お電話が あったと 伝えいたしましょうか。
오뎅와가앗따또쯔따에이따시마쇼-까

■ 메시지를 전해 드릴까요?

伝言をお伝えしましょうか。
뎅공오오쯔따에시마쇼-까

전화

- 돌아오면 전화하도록 말할까요?

帰ったら電話するように言いましょうか。
카엣따라뎅와스루요-니이-마쇼-까

~ように ~하도록

よくわかるように書いてください。잘 알 수 있도록 써 주세요.

- 뭐 전할 말씀이라도 있으십니까?

何かご伝言でもございますか。
나니까고뎅공데모고자이마스까

ございます :「ある」의 공손한 말입니다.

- 전화하셨다고 전해 드릴까요?

お電話があったと伝えいたしましょうか。
오뎅와가앗따또츠따에이따시마쇼-까

- 돌아오면 전화 드리라고 할까요?

戻りましたらお電話させましょうか。
모도리마시따라오뎅와사세마쇼-까

- 나중에 전화하라고 하겠습니다.

後ほど電話かけさせます。
노찌호도뎅와카께사세마스

- 전할 말을 부탁하고 싶은데요.

お言づけをお願いしたいのですが。
오꼬또즈께오오네가이시따이노데스가

- 전해 주시겠습니까?

   伝言していただけますか。
   뎅곤시떼이따다께마스까

- 야마다한테 전화가 왔다고 전해 주십시오.

   山田から電話があったとお伝えください。
   야마다까라뎅와가앗따또오쯔따에구다사이

- 돌아오면 전화를 주도록 말해 주십시오.

   戻いましたら、電話をくれるように言ってください。
   모도이마시따라 뎅와오쿠레루요-니잇떼구다사이

- 전화해 주시라고 전해 주십시오.

   お電話を いただきたいと お伝えください。
   오뎅와오이다끼따이또 오쯔따에구다사이

- 알겠습니다. 메시지를 전해 드리겠습니다.

   わかりました。 伝言をお伝えしておきます。
   와까리마시따 뎅공오오쯔따에시떼오끼마스

- 나중에 다시 걸겠습니다.

   あとで かけ直します。
   아또데카께나오시마스

   かけ直す 다시 걸다.

전화

- 나중에 또 전화하겠습니다.

  後でかけ直します。
  아또데카께나오시마스

- 이쪽에서 다시 전화하겠습니다.

  こちらから後ほどまたお電話します。
  코찌라까라노찌호도마따오뎅와시마스

- 그러면 1시간 후에 다시 걸겠습니다.

  それでは1時間後にかけ直します。
  소레데와이찌지깡고니카께나오시마스

전화

05 잘못 걸린 전화

전화를 건 사람이나 받는 사람 모두 탁 끊지 말고 상대방에게 번호에 문제가 있음을 알려주는 것이 예의라고 봅니다. 물론 잘못 건 당사자는 사과의 한마디 잊지 마시고요.

○ 잘못 걸린 전화

■ 잘못 걸었습니다.

かけ違いです。
카께찌가이데스

■ 번호를 잘못 걸었습니다.

番号をかけ間違えました。
방고-오카께마찌가에마시따

■ 몇 번에 거셨습니까?

何番へおかけですか。
남방에오까께데스까

■ 번호가 틀린 것 같습니다만.

番号をお間違えのようですが。
방고-오오마찌가에노요-데스가

■ 여기에는 스즈키라는 이름을 가진 사람이 없습니다.

こちらには鈴木という名の者はおりません。
코찌라니와스즈끼또유-나노모노와오리마셍

203

전화

■ 그런 사람은 여기에 없는데요.

そのような者はこちらにはおりませんが。
소노요-나모노와코찌라니와오리마셍가

おる :「いる」의 겸양어입니다.

■ 번호는 맞지만 여기는 학교입니다.

番号は合っていますが、こちらは学校です。
방고-와앗떼이마스가 코찌라와각꼬-데스

番号は合っています。 번호는 맞습니다.
時計は合っています。 시계는 맞습니다.

■ 번호는 맞습니다만 몇 번에 거셨습니까?

番号は 合っていますが、何番に おかけですか。
방고-와앗떼이마스가남반니오까께데스까

전화

06. 통화중, 부재중

통화 상대가 자리에 없거나 다른 전화를 받고 있는 경우라면 상황을 알려야겠죠. 여러 가지 상황에 관한 표현들을 익혀두도록 합니다.

話し中(통화중)　席を外す(자리를 비우다)　留守(부재중)

出張中(출장중)　休暇中(휴가중)　会議中(회의중)

🎧 통화중, 부재중

■ 지금 부재중입니다.

ただいま 留守でございます。
타다이마 루스데고자이마스

でございます :「です」의 존경 표현입니다.

■ 지금 통화중입니다.

いま 通話中です。
이마츠-와쮸-데스

■ 지금 출장중입니다.

今出張中です。

■ 지금 외출중인데요.

いま出かけておりますが。
이마데까께떼오리마스가

| 전화

- 잠깐 자리를 비우셨습니다.

ちょっと席を外しておりますが。
춋또세끼오하즈시데오리마스가

- 지금 공장에 있습니다.

今、工場へ行っています。
이마 코-죠-에잇떼이마스

- 죄송하지만 오늘 돌아오지 않습니다.

申し訳ありませんが、今日戻りません。
모-시와께아리마셍가 쿄-모도리마셍

- 잠깐 다른 전화를 받고 있는데요.

ちょっと ほかの 電話に でているんですが。
춋또호까노뎅와니데떼이룬데스가

- 지금 다른 전화를 받고 있는데 기다리시겠습니까?

ただいま他の電話に出ておりますが、お待ちくださいませんか。
타다이마호까노뎅와니데떼오리마스가 오마찌구다사이마셍까

~ください ませんか。 주시지 않겠습니까? 주시겠습니까?

- 잠깐 자리를 비우셨습니다.

ちょっと 席をはずしておりますが。
춋또세끼오하즈시떼오리마스가

- 미안합니다. 아직 출근하지 않았습니다.

  すみません。 まだ出社しておりません。

  스미마셍 마다 슛샤시떼오리마셍

- 오늘은 쉽니다.

  今日は休みを取っております。

  쿄-와야스미오톳떼오리마스

- 점심 먹으러 나갔는데요.

  昼食に出ておりますが。

  쵸-쇼꾸니데떼오리마스가

- 점심 식사하러 나갔습니다.

  昼食に 出かけてしまいました。

  쵸-쇼꾸니데까께떼시마이마시따

- 미안합니다. 지금 회의중입니다.

  すみません、ただいま会議中です。

  스미마셍 타다이마카이기쮸-데스

- 오늘은 외출해서 돌아오지 않습니다.

  今日は 外出していて戻りません。

  쿄-와가이슈쯔시떼이떼모도리마셍

- 이번 주 내내 출장입니다.

  今週いっぱい、出張です。

  콘슈-입빠이 슛쬬-데스

전화

■ 퇴직했습니다.
退職しました。
타이쇼꾸시마시따

■ 오늘은 쉬는 날입니다.
今日は休みです。
쿄-와야스미데스

■ 손님이 와 계십니다.
来客中です。
라이꺄꾸쮸-데스

お客とお話し中 손님과 말씀중

■ 언제쯤 돌아오십니까?
いつごろ お帰りになりますか。
이쯔고로오까에리니나리마스까

■ 무슨 연락할 방법은 없습니까?
何とか連絡する方法はありませんか。
난또까렌라꾸스루호-호-와아리마셍까

■ 연락할 수 있는 다른 번호는 없습니까?
連絡できるほかの番号はありませんか。
렌라꾸데끼루호까노방고-와아리마셍까

できる ~할 수 있다, ~할 수 있는

連絡できる 연락 할 수 있다, 연락할 수 있는

Section 8

- 나중에 다시 한 번 걸겠습니다.

 あとでもう一度かけ直します。

 아또데모-이찌도카께나오시마스

- 몇 시에 걸면 좋을까요?

 何時におかけすればよろしいでしょうか。

 난지니오까께스레바요로시-데쇼-까

- 오늘 중으로 연락을 해야 되는데, 몇 시에 돌아오십니까?

 今日中に連絡を取りたいんですが、何時にお戻りになりますか。

 쿄-쥬-니렌라꾸오토리따인데스가 난지니오모도리니나리마스까

 お : ~동사의 ます형 + になる ~하시다.

 書く　　　→　お書きになる 쓰시다.
 読む　　　→　お読みになる 읽으시다.
 連絡を取る　연락을 취하다. 연락을 하다.

- ~시쯤에 돌아옵니다.

 ~時頃帰ってきます。

 ~지고로카엣떼기마스

- 이제 곧 돌아 올 겁니다.

 もうそろそろ帰ってくるはずです。

 모-소로소로카엣떼구루하즈데스

 ~はずです ~할 것입니다.
 여러 사정 근거하에 어떤 것을 당연시할 때 쓰이는 표현입니다.

전화

- 6시까지는 돌아온다고 하셨습니다.

6時までには戻ると申しておりました。
로꾸지마데니와모도루또모-시떼오리마시따

- 급하시면 휴대폰으로 걸어 주시겠습니까?

お急ぎでしたら、携帯におかけくださいますか。
오이소기데시따라 케-따이니오까께구다사이마스까

전화

07 휴대폰

일본어로 휴대폰은 携帯電話(けいたいでんわ)를 줄여서 보통 携帯(けいたい)라고 하며 공공장소에서는 マナーモード(진동)로 해놓는 거 잊지 마세요.

● 휴대폰

■ 잠깐만요. 밖에 나가서 받겠습니다.

ちょっと待ってください。外に出ます。

춋또맛떼구다사이 소또니데마스

■ 잘 안 들립니다.

よく聞こえませんが。

요꾸키꼬에마셍가

■ 큰 소리로 말씀해 주세요.

大きな声で話していただけますか。

오-끼나코에데하나시떼이다다께마스까

大きな声で 큰 소리로
ゆっくり 천천히

■ 지금 통화할 수 있습니까?

今、電話いいですか。

이마 뎅와이-데스까

211

전화

- 휴대폰을 진동으로 해 놨습니다.

  携帯(電話)をマナーモードにしておいたんです。

  케-따이(뎅와)오마나-모-도니시떼오이딴데스

  ~しておく ~해 두다.

  買っておくつもりです。사 둘 생각입니다.

- 죄송합니다. 전화 온걸 몰랐습니다.

  すみません。 電話があったことを知りませんでした。

  스미마셍 뎅와가앗따고또오시리마센데시따

- 지금은 전화 받기 곤란합니다.

  今ちょっと電話できないんです。

  이마춋또뎅와데끼나인데스

- 지금은 운전중이니까 나중에 다시 걸겠습니다.

  今、運転中なので、後で掛け直します。

  이마 운뗀쮸-나노데 아또데카께나오시마스

  ~ので ~이기 때문에. 단, 명사 앞에는 な가 삽입됩니다.

- 문자 메시지 보내겠습니다.

  メールを送ります。

  메-루오오꾸리마스

- 배터리가 다 된 것 같습니다.

  バッテリーがなくなりそうです。

  밧떼리-가나꾸나리소-데스

  バッテリーがなくなりそうです 배터리가 다 소모되다. 다 되다.

전화

08 자동응답기

통화 상대가 부재중이고 자동응답기가 전화를 받으면 좀 당황스럽죠. 그냥 끊지 말고 끝까지 들은 뒤 메시지를 남겨 보세요.

🍀 자동응답기

■ 메시지를 남겨 주세요.

メッセージを 残してください。
멧세-지오노꼬시떼구다사이

■ 지금은 외출중입니다. 용건과 전화번호를 남겨 주십시오.

ただいま、留守にしております。
타다이마 루스니시떼오리마스

ご用件と お電話番号を 残してください。
고요-껜또 오뎅와방고-오 노꼬시떼구다사이

■ 삐- 소리가 나면 용건을 말씀하세요.

ピーッという 音になったら、ご用件を 残してください。
피-ㅅ또유-오또니낫따라 고요-껜오노꼬시떼구다사이

■ 지금은 전화를 받을 수가 없습니다. 나중에 다시 걸어 주십시오.

ただいま、電話に出ることができません。
後でお掛け直しください。
타다이마 뎅와니데루고또가데끼마셍 아또데오까께나오시구다사이

나중에 後で, 後に, 後ほど

213

전화

- 지금은 외출중이니 성함과 메시지를 남겨주세요.

あいにく留守にしておりますので、お名前とメッセージを残してください。

아이니꾸루스니시떼오리마스노데 오나마에또멧세-지오노꼬시떼구다사이

- 용건과 성함, 전화번호를 남겨 주십시오.

ご用件とお名前、お電話番号をどうぞ。

고요-껜또오나마에 오뎅와방고-오도-조

- 용건을 말씀하세요.

ご用件をどうぞ。

고요-껭오도-조

どうぞ。 이 한마디면 만사 ok죠.

- 야마다입니다. 나중에 전화하겠습니다.

山田です。 後でお電話します。

야마다데스 아또데오뎅와시마스

- 나중에 전화 주십시오.

後ほどお電話くださいませ。

노찌호도오뎅와구다사이마세

- 돌아오시면 전화해 주시겠습니까? 부탁드립니다.

お戻りになりましたらお電話いただけますか。よろしくお願いします。

오모도리니나리마시따라오뎅와이따다께마스까 요로시꾸오네가이시마스

- <u>스즈키입니다. 전화번호는 123-4567입니다. 전화 기다리겠습니다.</u>

鈴木です。電話番号は 123—4567です。
お電話お待ちしています。

스즈끼데스 뎅와방고-와 이찌니-산노용고로꾸나나데스 오뎅와오마찌시떼이마스

鈴木です : 鈴木と申します。라고 해도 자신을 소개하는 훌륭한 표현이 됩니다.

전화

09 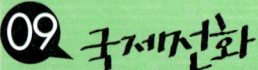 국제전화

요즘에는 직접 통화를 하는 경우가 대부분이지만 때로는 교환원을 연결할 수도 있겠지요. 여러 상황에 대비해 표현들을 익혀보기로 하겠습니다.

国際電話(국제전화) コレクトコール(콜렉트 콜)

🍃 국제전화

- **국제 전화를 부탁합니다.**

  国際電話を お願いします。
  콕사이뎅와오 오네가이시마스

- **서울에 국제전화를 걸고 싶은데요.**

  ソウルへ国際電話をかけたいのですが。
  소우루에 콕사이뎅와오 카께따이노데스가

- **서울에 콜렉트 콜로 부탁합니다.**

  ソウルに コレクトコールで お願いします。
  소우루니 코레꾸또 꼬-루데 오네가이시마스

- **교환을 통해야 합니까?**

  交換台を通さないといけませんか。
  코-깐다이오 토-사나이또 이께마셍까

  交換台を通す 교환을 통하다.

Section 8

■ 프런트죠. 콜렉트 콜로 부탁합니다.

フロントですか。コレクトコールでお願いします。

후론또데스까 코레꾸또꼬-루데오네가이시마스

■ 전화번호를 말씀해 주십시오.

電話番号を どうぞ。

뎅와방고-오 도-조

■ ~씨를 부탁합니다.

~さんを お願いします。

~상오 오네가이시마스

■ 빨리 전화를 연결해 주세요.

早く電話をつないでください。

하야꾸뎅와오츠나이데구다사이

電話をつなぐ 전화를 연결하다.

■ 긴급하니 빨리 전화를 연결해 주십시오.

緊急なんですが、早く電話をつないでください。

킹뀨-난데스가 하야꾸뎅와오츠나이데구다사이

■ 끊어져 버렸는데, 다시 한번 연결해 주세요.

切れてしまったので、もう一度つないでください。

키레떼시맛따노데 모-이찌도츠나이데구다사이

~てしまう ~해 버리다.

全部食べてしまう 전부 먹어버리다.

전화

- 연결이 되지 않습니다.

つながらないんです。
츠나가라나인데스

- 다른 사람에게 연결되어 버렸습니다.

別の人につながってしまいました。
베쯔노히또니츠나갓떼시마이마시따

- 전화가 잘못 연결되었습니다.

電話が間違ってつながりました。
뎅와가마찌갓떼츠나가리마시따

- 잡음이 많이 들립니다.

すごくノイズが入るんです。
스고꾸노이즈가하이룬데스

- 혼선이 너무 심해요.

すごく混線してるよ。
스고꾸콘센시떼루요

- 연결되었습니다. 말씀하세요.

つながりました。 どうぞ。
츠나가리마시따 도-조

- 곧 연결해 드리겠습니다.

すぐに おつなぎします。
스구니오쯔나기시마스

すぐに 곧, 즉시

Section 8

- 연결되었습니다. 말씀하십시오.

    つながりました。 どうぞお話しください。

    츠나가리마시따 도-조오하나시구다사이

- 통화를 취소해 주시겠어요?

    通話を取り消していただけますか。

    츠-와오토리께시떼이따다께마스까

    取り消す 취소하다

- 통화시간과 요금을 가르쳐 주십시오.

    かかった時間と料金を 教えてください。

    카깟따지깐또료-낑오오시에떼구다사이

- 통화 요금을 가르쳐 주십시오.

    通話料金を 教えてください。

    츠-와료-낑오 오시에떼구다사이

- 지금 건 통화는 얼마입니까?

    今の通話はいくらですか。

    이마노츠-와와이꾸라데스까

| 전화 |

10 팩스

비즈니스 상이라면 팩스가 차지하는 비중은 상당히 큽니다. 팩스를 사용할 때 발생하는 문제점도 있겠지요. 주로 사용하는 표현을 익혀보도록 하겠습니다.

● 팩스

■ 팩스 번호를 가르쳐 주시겠습니까?

ファックス番号を教えていただけますか。
확스방고-오오시에떼이다다께마스까

■ 저희 팩스 번호는 알고 계십니까?

こちらのファックス番号はご存じですか。
코찌라노확스방고-와고존지데스까

存じる : 知る의 겸양어. 아시다의 뜻.

■ 팩스 번호는 몇 번입니까?

ファックス番号は何番ですか。
확스방고-와남반데스까

■ 팩스로 보내고 싶은데요.

ファックスでお送りたいんです。
확스데오-꾸리따인데스

~たい ~하고 싶다.

刺身が食べたいです。회를 먹고 싶습니다.

旅行に行きたいです。여행을 가고 싶습니다.

Section 8

■ 지금 이것을 팩스로 보내고 싶은데요.

今、これをファックスでお送りたいのですが。

이마 코레오확스데오-꾸리따이노데스가

■ 지금 보내도 됩니까?

今、おくってもいいですか。

이마 오꿋떼모이-데스까

~てもいい。~해도 좋다.

いつでもいい。언제라도 좋다.

いっしょに行ってもいいですか。함께 가도 됩니까?

■ 지금 팩스로 보내겠습니다.

今、ファックスでお送りします。

이마 확스데오-꾸리시마스

■ 팩스는 왔는데 읽을 수가 없습니다.

ファックスは届きましたが、読めません。

확스와토도끼마시따가 요메마셍

■ 글씨가 너무 잘아 읽을 수 없습니다.

文字が細かすぎて、読めません。

모지가코마까스기떼 요메마셍

細かすぎる 너무 잘다

多すぎる 너무 많다

회화 표현에 필요한 기초 문형

- **~ては いけません。** ~(해)서는 안 됩니다.
    - 예 室内で帽子をかぶってはいけません。
      실내에서 모자를 써서는 안 됩니다.

- **~が できる。** ~을(를) 할 수 있다.
    - 예 あなたは運転ができますか。 당신은 운전을 할 수 있습니까?

- **~ことが できる。** ~할 수 있다.
    - 예 わたしは中国語で話すことができます。
      나는 중국어로 말할 수 있습니다.

- **~ないで ください。** ~하지 말아 주십시오.
    - 예 作品に手を触れないでください。
      작품에 손대지 말아 주십시오.

- **~て ごらんなさい。** ~해 보십시오.
    - 예 この用紙を読んでごらんなさい。
      이 용지를 읽어보십시오.

- **~は どうですか。** ~은(는) 어떻습니까?
    - 예 お仕事はどうですか。 하시는 일은 어떻습니까?

- **~は いかがですか。** ~은(는) 어떠십니까?
    - 예 昼食に焼肉はいかがですか。
      점심식사로 불고기는 어떠십니까?

09

쇼핑

해외여행의 즐거움을 꼽으라면 역시 쇼핑을 들지 않을 수 없습니다. 이제 일본어를 열심히 공부하시고 계시니 원하는 물건을 사기도 해보고 가격도 맞출 줄 알아야겠죠!! 세계적으로 물가가 비싸기로 유명한 일본에서의 쇼핑이란 게 만만치 않을 테지만 짠돌이 정신으로 직접 도전해 보세요. 특히 충동구매는 절대사절이고요. 필요한 물건을 제대로 고르는 현명한 소비자가 되시길 바랍니다. 참! 어디나 마찬가지겠지만 일본은 교환과 환불이 매우 까다로운 나라입니다. 신중한 선택 잊지 마세요.

쇼핑

01 매장에 들어설 때

가게에 들어서면 종업원의 いらっしゃいませ。(어서 오십시오.)라는 소리와 함께 다음과 같은 질문을 받게 되죠.

何かお探しですか。 (무엇을 찾으십니까?)

● 매장에 들어설 때

■ 어서 오십시오.

いらっしゃいませ。

이랏샤이마세

■ 무엇을 찾으십니까?

何か お探しですか。

나니까오사가시데스까

■ 무엇을 드릴까요?

何をさしあげましょうか。

나니오사시아게마쇼-까

さしあげる 「やる」, 「あげる」의 겸양어로 「드리다」의 뜻.

■ 뭔가 찾으십니까?

何かお探しですか。

나니까오사가시데스까

■ 이것은 어떤지요.

これは いかがでしょうか。

코레와이까가데쇼-까

■ 좋은 물건이 준비돼 있습니다.

よいものを そろえております。
요이모노오소로에떼오리마스

■ 필요한 것이 있으시면 말씀하십시오.

なにかご用がありましたらお知らせください。
나니까고요-가아리마시따라오시라세구다사이

■ 도와드릴까요?

お手伝いしましょうか。
오떼쯔다이시마쇼-까

■ 이것을 권해 드리죠.

これを おすすめしましょう。
코레오오스스메시마쇼-

쇼핑

02 매장의 위치를 물을 때

매장의 위치를 몰라 쩔쩔 맨다면 쇼핑 전부터 짜증만 나겠죠. 그럴 땐 이렇게 물어서 해결하세요.
~はどこにありますか。(~은 어디에 있습니까?)
~はどこですか。(~은 어디입니까?)

● 매장의 위치를 물을 때

■ 그것은 어디서 살 수 있습니까?

それはどこで買えますか。

소레와도꼬데카에마스까

■ 아동복 매장은 어디입니까?

子供服売り場はどこですか。

코도모후꾸우리바와도꼬데스까

売り場 매장

■ 화장품 코너는 어디에 있습니까?

化粧品コーナーはどこにありますか。

케쇼-힝코-나-와도꼬니아리마스까

■ 오늘 문을 열었습니까?

今日開いていますか。

쿄-아이떼이마스까

Section 9

■ 장난감 매장은 몇 층에 있습니까?

おもちゃ売り場は何階にありますか。
오모쨔우리바와낭가이니아리마스까

何階 몇 층
三階 삼 층
六階 육 층

■ 공예품은 어디서 팝니까?

工芸品はどこで売っていますか。
코-게이힌와도꼬데웃떼이마스까

■ 영업시간은 몇 시부터 몇 시까지입니까?

営業時間は何時から何時までですか。
에-교-지깐와난지까라난지마데데스까

■ 오늘 문을 연 가게는 없습니다.

今日開いている店はないんです。
쿄-아이떼이루미세와나인데스

쇼핑

03 구경만 하고자 할 때

특별히 찾는 물건이 없거나 옆에서 도와주는 종업원이 부담스러울 경우에는 자신의 의사를 표현해 줘야겠죠. 그래야 서로 지치지 않고 부담 없이 쇼핑을 즐길 수 있지 않겠습니까!?

ちょっと見ているだけです。(잠깐 보고 있을 뿐입니다.)

● 구경만 하고자 할 때

■ 그냥 구경하는 겁니다.

見ているだけです。
미떼이루다께데스

~だけ ~뿐

~ちょっと見ているだけです。 잠깐 보고 있을 뿐입니다.

■ 구경만 해도 됩니까?

見物だけしてもかまいませんか。
켐부쯔다께시떼모카마이마셍까

~てもかまいませんか。 ~해도 괜찮겠습니까? ~해도 됩니까?

ここでタバコを吸ってもかまいませんか。 여기서 담배를 피워도 됩니까?

04 찾는 물건을 말할 때

원하는 물건을 말할 수 있고, 이미 찾았다면 보여 줄 것을 요구해 보세요.

~を見せてください。

● 찾는 물건

あれを見せてください。(저것을 보여 주세요.)라고 한 뒤, 원하는 물건을 살펴보도록 합니다. 허락 없이 손을 대는 일은 없어야겠죠. 괜히 살 의향이 있는 것처럼 오해를 살 수도 있으니까요.

■ 선물은 어떤 것이 좋을까요?

プレゼントは どんなものがいいですか。
푸레젠또와돈나모노가이-데스까

■ 수영복 있습니까?

水着、ありますか。
미즈기 아리마스까

■ 스웨터를 보여 주시겠어요?

セ―タ―を 見せていただけますか。
세-따-오 미세떼이따다께마스까

~ていただけますか。~해 주시겠습니까?

別のものを見せていただけますか。다른 것을 보여 주시겠어요?

쇼핑

- 넥타이가 필요한데요.

ネクタイが ほしいんですが。
네꾸따이가 호시-ㄴ데스가

~が ほしい ~을(를) 갖고 싶다, 원하다.

私は車がほしいです。 나는 자동차를 갖고 싶습니다.

- 다른 디자인은 없습니까?

ほかのデザインのものは ありませんか。
호까노데자인노모노와아리마셍까

- 우리 가게에는 그런 상품이 없습니다.

当店にはそのような商品は置いてありません。
토-뗀니와소노요-나쇼-힌와오이떼아리마셍

- 몇 가지 보여 주십시오.

いくつか見せてください。
이꾸쯔까미세떼구다사이

~て ください。 '~해 주십시오'의 뜻으로 「~てもらえますか」나 「~ていただけますか」
보다는 정중한 정도가 떨어지며 무언가를 상대방에게 요구할 때 쓰입니다.

あれを見せてください。 저것을 보여 주십시오.

- 딸에게 줄 선물로 좋은 것이 있습니까?

娘へのプレゼントに何かいいものはありませんか。
무스메에노푸레젠또니나니까이-모노와아리마셍까

Section 9

● 사이즈

옷같은 상품의 경우는 사이즈가 무척 중요합니다. 내 몸에 맞는 정확한 치수가 필요하겠죠.
사이즈에 대한 표현과 요구 사항 등을 익혀 보겠습니다.

■ 사이즈를 잘 모릅니다.

サイズをよくわからないんです。
사이즈오요꾸와까라나인데스

■ 제게 어떤 사이즈가 맞을까요?

私にどのサイズが合うでしょうか。
와따시니사이즈가아우데쇼-까

サイズが合う 사이즈가 맞다.

■ 좀 더 큰 것은 없습니까?

もう少し大きいのはありませんか。
모-스꼬시오-끼이노와아리마셍까

■ 너무 꽉 낍니다.

きつすぎます。
키쯔스기마스

~すぎる。 너무 ~하다.
きつすぎます。 너무 꽉 낍니다.
言いすぎます。 말이 지나칩니다.

■ 한 치수 작았으면 하는데요.

ひとつ小さいサイズがあればいいのですが。
히또쯔치-사이사이즈가아레바이-노데스가

쇼핑

● 디자인, 색, 세탁 방법

상품에 대한 여러 가지 요구 사항과 질문에 관해 살펴보도록 하겠습니다.

■ 요즘에는 이 디자인이 유행입니다.

最近はこのデザインが流行っています。

사이낀와코노데자잉가하얏떼이마스

流行っています。 유행입니다.

流行る 유행하다.

■ 비슷한 디자인은 있습니까?

似ているデザインはありますか。

니떼이루데자인와아리마스까

■ 이 재질은 무엇입니까?

この素材は何ですか。

코노소자이와난데스까

■ 다른 색은 없습니까?

ほかの色はありませんか。

호까노이로와아리마셍까

Section 9

■ 세탁기로 빨 수 있습니까?
洗濯機で洗えますか。
센따꾸끼데아라에마스까

~で 수단과 방법의 의미로 쓰이고 있습니다.

ペンで書いてください。 펜으로 써 주세요.

■ 손세탁할 수 있습니까?
手洗いできますか。
테아라이데끼마스까

■ 반드시 드라이 클리닝 하세요.
必ずクリーニングに出してください。
카나라즈쿠리-닝구니다시떼구다사이

| 쇼핑 |

◐ 상품 결정

일단 상품이 결정되면 これにします。(이것으로 하겠습니다.)라고 하면 됩니다. 그 밖에
~をください。(~을(를) 주세요.)라고 표현해도 됩니다.

■ 손님께 잘 어울리네요.

お客様によくお似合いですよ。
오꺅사마니요꾸오니아이데스요

■ 사실 것은 정하셨습니까?

買うものはきまっているんですか。
카우모노와키맛떼이룬데스까

■ 그다지 어울리지 않네요.

あまり似合わないですね。
아마리니아와나이데스네

あまり + 부정   그다지 ~하지 않다.

すしはあまり好きではありません。 초밥은 그다지 좋아하지 않습니다.

■ 이걸로 하겠습니다.

これにします。
코레니시마스

■ 이것이 좋을 것 같군요.

これはよさそうですね。
코레와요사소-데스네

いい(좋다)・いいです(좋습니다)・よさそうです(좋을 것 같습니다)
「よい・ない」의 경우에는 양태로 나타낼 때 「さ」가 삽입되는 특징이 있습니다. 그리고 「いい」가 아닌 「よい」에 연결된다는 거 잊지 마세요.

■ 이것이 마음에 들었습니다.

これが 気に入りました。
코레가키니이리마시따

気に入る '마음에 들다' 라는 표현입니다.

■ 같은 것이 또 하나 있습니까?

同じものが もう一つ ありますか。
오나지모노가모-히또쯔아리마스까

■ 사고 싶은 물건이 없습니다.

ほしいものが 見つからなかったようです。
호시-모노가미쯔까라나깟따요-데스

■ 다른 곳도 돌아다녀 보고 정하겠습니다.

他のところも回ってみてから決めます。
호까노도꼬로모마왓떼미떼까라키메마스

■ 다시 오겠습니다.

また来ます。
마따기마스

쇼핑

05 계산할 때

쇼핑에서 제일 중요한 장면이라면 가격 흥정을 들 수 있겠죠!!
싸게 살수록 좋겠지만 그게 어디 맘대로 될 수 있을까요!?

全部でいくらですか。(전부 얼마입니까?) 조사 で가 붙는 것에 유의.

少し安くしてください。(조금 깎아 주세요.)

◐ 계산할 때

■ 계산하시겠습니까?

お勘定しましょうか。
오깐죠-시마쇼-까

■ 얼마입니까?

いくらですか。
이꾸라데스까

■ 전부 얼마입니까?

全部でいくらですか。
젬부데이꾸라데스까

全部で '모두 합해서'의 의미로 みんなで라고도 합니다.

全部でいくつありますか。전부 몇 개 있습니까?

■ 너무 비쌉니다.

高すぎます。
타까스기마스

■ 좀 더 싼 것은 없습니까?

もっと 安いのは ありませんか。

못또야스이노와아리마셍까

■ 싸게 해 주면 사겠습니다.

安くしてくれれば 買います。

야스꾸시떼구레레바카이마스

■ 조금 깎아 주십시오.

少し まけてください。

스꼬시마께떼구다사이

■ 계산은 어떻게 하시겠습니까?

お支払いはどのようになさいますか。

오시하라이와도노요-니나사이마스까

■ 지금 세일 중입니까?

今、セール中ですか。

이마 세-루쮸-데스까

・セール中 세일중 ・外出中 외출중 ・世界中 온 세계

■ 세금이 포함된 가격입니까?

税金込みの値段ですか。

제-낑꼬미노네단데스까

~こみ ~포함하여

税込みでいくらですか。세금 포함해서 얼마입니까?

쇼핑

- 현금으로 사면 할인됩니까?

  現金でかえば割引できますか。
  겡낀데카에바와리비끼데끼마스까

- 카드도 됩니까?

  カードでもいいですか。
  카-도데모이-데스까

- 카드인데 되겠습니까?

  カードですが、よろしいですか。
  카-도데스가 요로시-데스까

쇼핑

06 포장, 배달

포장이나 배달을 원할 때는 다음과 같은 표현을 씁니다. 참! 포장이야 안 그렇겠지만 배달은 따로 요금을 받는 곳도 있으니 꼼꼼하게 체크하세요.

包んでください。(싸 주세요)

配達してもらえますか。(배달해 줄 수 있습니까?)

配達料がいりますか。(배달료가 필요합니까?)

포장, 배달

■ 하나씩 싸 주십시오.

一つずつ 包んでください。

히또쯔즈쯔 츠쯘데구다사이

■ 선물용으로 싸 주십시오.

プレゼント用に 包んでください。

푸레젠또요-니츠쯘데구다사이

~用に ~용으로   ギフト用に包んでください。 선물용으로 싸 주십시오.

■ 따로따로 포장해 주세요.

別々に包んでください。

베쯔베쯔니츠쯘데구다사이

■ 박스에 넣어 주시겠습니까?

ボックスに入れてくださいませんか。

복스니이레떼구다사이마셍까

쇼핑

- 배달해 줄 수 있습니까?

配達してもらえますか。
はい たつ

하이따쯔시떼모라에마스까

~てもらえますか。 ~해 줄 수 있습니까? ~해 주시겠습니까?
좀 더 정중한 표현에는 「~ていただけますか」가 있습니다.

- 이 주소로 보내 주십시오.

この住所宛に送ってください。
じゅう しょ あて　　おく

코노쥬-쇼아떼니오꿋떼구다사이

쇼핑

07 교환

구입한 물건이 마음에 들지 않거나 문제가 있다면 교환을 하거나 환불을 받아야 하는데 역시 쉬운 일이 아니죠. 이런 일이 생기지 않도록 되도록 신중하게 물건을 고르고 영수증은 반드시 보관해 두도록 하세요.

交換(교환)　返金(환불)　返品(반품)

교환

■ 왜 그러십니까?

どうかなさいましたか。
도-까나사이마시따까

■ 이것을 바꿔 주시겠습니까?

これを 交換して いただけませんか。
코레오 코-깐시떼 이따다께마셍까

■ 교환할 수 있습니까?

交換できますか。
코-깐데끼마스까

■ 어제 여기서 샀는데 바꿔 주었으면 하는데요.

きのう ここで 買いましたが、取換えてほしいんですが。
키노- 코꼬데 카이마시따가 토리까에떼호시-ㄴ데스가

■ 반품하고 싶은데요.

返品したいのですが。
헴삔시따이노데스가

쇼핑

■ 환불받고 싶은데요.

現金で 返してほしいんですが。

겡낀데 카에시떼호시-ㄴ데스가

■ 영수증을 가지고 계십니까?

領収書をお持ちですか。

료-슈-쇼오모찌데스까

■ 교환해 드릴 수는 없습니다.

お取り替えはできません。

오또리까에와데끼마셍

■ 새 것으로 바꿔드리겠습니다.

あたらしいものとお取り替えします。

아따라시-모노또오또리까에시마스

■ 반품은 안 됩니다.

返品はできません。

헴삔와데끼마셍

◎ 옷가게

원하는 물건과 치수 등에 관한 표현을 익혀 보도록 하겠습니다.

■ 저 코트를 보여 주시겠어요?

あのコートを見せてもらえますか。

아노코-또오미세떼모라에마스까

■ 이것으로 제 사이즈를 주십시오.

これで私のサイズのものを ください。

코레데와따시노사이즈노모노오 구다사이

■ 입어 봐도 됩니까?

試着してもいいですか。

시짜꾸시떼모이-데스까

試着する 입어 보다.

■ 재킷에 맞는 바지를 사려고 합니다.

ジャケットに合わせるズボンを買おうと思っています。

자껫또니아와세루즈봉오카오-또오못떼이마스

■ 다림질은 하지 마십시오.

アイロンは かけないでください。

아이론와 카께나이데구다사이

アイロンをかける 다림질을 하다.

● 제화점

디자인도 좋지만 우선은 발에 맞아야겠죠.

■ 이 구두를 신어봐도 됩니까?

この靴を履いてみていいですか。

코노구쯔오하이떼미떼이-데스까

靴を履く 구두를 신다.

쇼핑

■ 잘 맞습니까?

サイズは合いますか。
사이즈와아이마스까

사이즈 등이 맞는다는 표현을 할 때는 「合う」 동사를 씁니다.

■ 딱 맞습니다.

ぴったり合います。
핏따리아이마스

■ 좀 작습니다.

ちょっと小さいです。
춋또치-사이데스

■ 제게는 너무 낍니다.

私にはきつすぎます。
와따시니와키쯔스기마스

■ 무슨 가죽입니까?

何の皮ですか。
난노카와데스까

● 전자제품점

물건의 성능과 애프터서비스 여부가 가장 중요하겠습니다.

■ 이것은 신제품입니까?

これは新製品ですか。
코레와신세-힌데스까

Section 9

■ 어떤 상표의 것이 좋습니까?

どのブランドのものがいいですか。
도노부란도노모노가이-데스까

■ 신제품이어서 조금 비쌉니다.

新製品ですから、ちょっと高いです。
신세-힌데스까라 춋또타까이데스

● 과일가게

여러 가지 과일의 명칭과 고르는 방법을 지켜보도록 하죠.

■ 이 수박은 답니까?

このすいかは甘いですか。
코노스이까와아마이데스까

■ 지금은 어떤 과일이 맛있습니까?

今どんな果物がおいしいですか。
이마돈나쿠다모노가오이시-데스까

■ 제철 과일은 어느 것입니까?

季節の果物はどんな物ですか。
키세쯔노쿠다모노와돈나모노데스까

■ 사과 한 상자 주세요.

リンゴ1箱もらいます。
링고 히또하꼬모라이마스

1箱(ひとはこ) 한 상자

2箱(ふたはこ) 두 상자

쇼핑

■ 포도는 없습니까?

ブドウはありませんか。
부도-와아리마셍까

● 제과점

빵은 뭐니뭐니해도 갓 구운 빵이 최고입니다. 우리 한번 골라 볼까요!?

■ 갓 구운 빵 있습니까?

焼き立てのパンありますか。
야끼따떼노팡아리마스까

焼き立て 방금 구워낸, 갓 구운

■ 이 케이크는 맛있습니까?

このケーキはおいしいですか。
코노케-끼와오이시-데스까

■ 치즈 케이크 주세요.

チーズケーキをください。
치-즈께-끼오구다사이

■ 이 빵은 무엇으로 만들어졌습니까?

このパンは何でできているんですか。
코노팡와나니데데끼떼이룬데스까

Section 9

● 보석점

여러분들은 어떤 보석을 좋아하시나요? 보석 이름만 익히는데도 시간 좀 걸리겠습니다.

■ 이것은 어떤 보석입니까?

これはどんな宝石ですか。
코레와돈나호-세끼데스까

■ 사파이어입니다.

サファイヤです。
사화이야데스

■ 끼어 봐도 됩니까?

してみてもいいですか。
시떼미떼모이-데스까

■ 진짜입니까?

本物ですか。
혼모노데스까

本物 진짜 ↔ 偽物 가짜

■ 이런 스타일의 반지는 하나밖에 없습니다.

このタイプの指輪は一つしかございません。
코노타이뿌노유비와와히또쯔시까고자이마셍

~しか ~밖에

この店には安物しかありません。 이 가게에는 싸구려 물건밖에 없습니다.

쇼핑

■ 이 다이아 반지는 몇 캐럿입니까?

このダイヤのリングは何カラットですか。

코노다이야노링구와낭까랏또데스까

10 일상생활

생활 터전을 옮긴다는 것은 그렇게 쉬운 일이 아닙니다. 거기다 도움의 손길도 받기 힘든 타국에서라면 그 고통이 배가 되겠죠! 집을 구하는 문제에서부터 관공서, 금융, 우편 등 스스로 해결해야 할 문제도 한두 가지가 아니나 그냥 넋놓고 있는다고 해결되지도 않겠죠. 사전에 여러 상황에 대비, 철저히 연습해 둘 필요가 있겠습니다.

일상생활

01 이사(부동산)

남의 나라에서는 집을 얻는 것도, 사는 것도 쉬운 일은 아니지만 우리나라에서보다 좀 더 꼼꼼해질 필요가 있습니다. 세를 얻을 때 확실히 체크하지 않으면 하자가 생긴 부분은 세입자가 다 책임을 지지 않으면 안되거든요.

● 물건을 찾을 때

일본은 집을 계약할 때 보증금과 사례금이 필요합니다. 보증금은 말 그대로 보증이 되는 돈이고, 우리와 달리 사례금이 있습니다.

・敷金(しききん) 보증금 ・礼金(れいきん) 사례금

■ 아파트를 찾고 있습니다만.

アパートを探(さが)しているんですが。
아빠-또오사가시떼이룬데스가

■ 아파트를 빌리고 싶습니다만.

アパートを借(か)りたいんですが。
아빠-또오카리따인데스가

■ 물건을 보여 주십시오.

物件(ぶっけん)を見(み)せてください。
북껭오미세떼구다사이

■ 침실이 3개 있는 아파트를 찾고 있습니다만.

寝室(しんしつ)が三(みっ)つあるアパートを探(さが)しているんですが。
신시쯔가밋쯔아루아빠-또오사가시떼이룬데스가

250

Section 10

■ 신축 아파트도 있습니까?

新築のアパートもありますか。

신찌꾸노아빠-또모아리마스까

・新築のアパート 신축아파트   ・古びている 오래됨

■ 방 구조도를 보여 주십시오.

間取り図を見せてください。

마도리즈오미세떼구다사이

間取り図 방 구조도

■ 오늘 오후에라도 보러 가도 괜찮겠습니까?

今日の午後にでも見にうかがってよろしいですか。

쿄-노고고니데모미니우까갓떼요로시-데스까

うかがう 찾아 뵙다.

| 일상생활 |

● 조건을 말할 때

자신이 원하는 집의 조건에 대해 말해 봅니다.

■ 방 3개를 원합니다.

部屋は三つほしいです。

헤야와밋쯔호시-데스

■ 애들 학교는 가까운 곳에 있습니까?

子供の学校は近いところにありますか。

코도모노각꼬-와치까이토꼬로니아리마스까

■ 쇼핑센터는 가까운 곳이 좋겠습니다만.

ショッピングセンターは近いところがいいのですが。

숍삥구센따-와치까이도꼬로가이-노데스가

■ 방이 넓은 곳이 좋습니다.

部屋が広いところがいいです。

헤야가히로이도꼬로가이-데스

■ 월세는 얼마입니까?

家賃はいくらですか。

야찐와이꾸라데스까

家賃 월세, 집세

- 보증금은 어떻게 됩니까?

敷金はどうなりますか。
시끼낀와도-나리마스까

・敷金 보증금   ・礼金 사례금

- 가능한 싼 곳이 좋겠습니다.

なるべく安いところがいいです。
나루베꾸야스이도꼬로가이-데스

なるべく / できるだけ 가능한

- 당장 입주 할 수 있습니까?

すぐに入居できますか。
스구니뉴-꼬데끼마스까

- 지은 지 몇 년이나 됐습니까?

築何年ですか。
치꾸난넨데스까

- 내부시설이 모두 갖추어져 있습니다.

設備はすべて備えています。
세쯔비와스베떼소나에떼이마스

- 조용한 주택가입니다.

静かな住宅街です。
시즈까나쥬-따꾸가이데스

- 주차장이 있습니까?

駐車場はありますか。
츄-샤죠-와아리마스까

일상생활

- 좋을 것 같군요. 빌리기로 하겠습니다.

  よさそうですね。借りることにします。

  요사소-데스네 카리루고또니시마스

- 그럼 계약서를 잘 읽어 주십시오.

  では契約書をよくお読みになってください。

  데와케-야꾸쇼오요꾸오요미니낫떼구다사이

일상생활

02 이삿짐센터

이사 날짜와 가격 등 계약 사항을 체크합니다.

🔹 이삿짐센터

■ 이사를 부탁드리고 싶은데요.
  引っ越しをお願いしたいのですが。
  힉꼬시오오네가이시따이노데스가

■ 이사는 언제입니까?
  お引っ越しはいつですか。
  오힉꼬시와이쯔데스까

■ 짐은 어느 정도입니까?
  荷物はどのくらいですか。
  니모쯔와도노구라이데스까

■ 방문해서 견적을 내보겠습니다.
  訪問して見積りを出して見ます。
  호-몬시떼미쯔모리오다시떼미마스

  見積りを出す 견적을 내다.

■ 집 청소도 해 주십니까?
  アパートの掃除もしてもらえるんですか。
  아빠-또노소-지모시떼모라에룬데스까

255

일상생활

■ 박스 2상자가 부족합니다.

ダンボール箱二箱足りません。

단보-루바꼬후따하꼬타리마셍

・一箱 한상자 ・二箱 두상자

일상생활

03 관공서

필요한 서류부터 실제 수속까지 관공서 업무에 필요한 표현들을 익혀 보기로 하겠습니다.

🔘 전입

전입 시 필요한 표현들을 익혀 보도록 하겠습니다.

■ 전입증명서와 인감 등록 수속을 해 주십시오.

転入証明書と印鑑登録の手続きをしてください。

텐뉴-쇼-메-쇼또잉깡도-로꾸노테쯔즈끼오시떼구다사이

■ 이 지역으로 이사왔는데요.

この地区へ引っ越してきたのですが。

코노치꾸에힉꼬시떼키따노데스가

■ 필요한 용지를 주십시오.

必要な用紙をください。

히쯔요-나요-시오구다사이

■ 주민등록을 하러 왔습니다.

住民登録をしに来ました。

슈-민토-로꾸오시니키마시따

일상생활

- 필요한 서류는 무엇입니까?

  必要な書類は何ですか。

  히쯔요-나쇼루이와난데스까

◎ 외국인 등록

일본에 거주하려면 외국인 등록증을 발부 받아야 합니다. 필요한 준비물은 여권과 사진이고요.

- 외국인 등록은 어떻게 하면 좋습니까?

  外国人登録はどうすればいいですか。

  가이꼬꾸징도-로꾸와도-스레바이-데스까

  どうすればいいですか? 어떻게 하면 좋습니까?
  何時で行けばいいですか? 몇 시까지 가면 될까요?

- 여권과 사진은 갖고 있습니까?

  パスポートと写真はお持ちですか。

  파스뽀-또또샤싱와오모찌데스까

- 등록증은 2주일 후에 가지러 오세요.

  登録証明書は二週間後に取りに来てください。

  토-로꾸쇼-메-쇼와니슈-깡고니토리니키떼구다사이

일상생활

04 학교

학교 선택부터 테스트, 수속까지 만만한 것이 없네요.

🌑 학교 선택

질문할 것들이 많이 있네요. 꼼꼼하게 짚어 볼까요?

- ~을 공부하고 싶은데요.
  ~を勉強したいのですが。
  ~오벵꾜-시따이노데스가

- 특별 코스가 있습니까?
  特別コースはありますか。
  토꾸베쯔코-스와아리마스까

- 어디서 입학 수속을 합니까?
  どこで入学を受け付けていますか。
  도꼬데뉴-가꾸오우께쯔께떼이마스까

- 어떤 클래스가 좋습니까?
  どんなクラスがいいですか。
  돈나쿠라스가이-데스까

일상생활

■ 수강 신청은 언제부터입니까?

履修届けはいつからですか。

리슈-토도께와이쯔까라데스까

履修届け 수강 신청

■ 어떤 대학이 좋을까요?

どういう大学がいいでしょうか。

도-유-다이가꾸가이-데쇼-까

■ 제 수준과 맞지 않는 것 같습니다.

私のレベルと合わないと思います。

와따시노레베루또아와나이또오모이마스

■ 어학연수 코스가 있습니까?

語学研修のコースはありますか。

고가꾸껜슈-노코-스와아리마스까

■ 1년 동안 어학연수를 하려면 수업료는 어느 정도입니까?

一年間語学研修をするとしたら授業料はどのくらいですか。

이찌넹깡고가꾸껜슈-오스루또시따라쥬교-료-와도노구라이데스까

■ 이미 정원이 다 찼습니다.

すでに定員がいっぱいになりました。

스데니테-잉가입빠이니나리마시따

いっぱいになる 다 차다

Section 10

■ 몇 월부터 입학할 수 있습니까?

何月から入学できますか。

낭가쯔까라뉴-가꾸데끼마스까

■ 어느 학년에 편입하시는 겁니까?

どの学年に編入なさるのですか。

도노가꾸넨니헨뉴-나사루노데스까

 테스트

테스트 시 예상 가능한 질문들입니다.

■ 어학연수를 했습니까?

語学研修を行って来ましたか。

고가꾸껜슈-오잇떼키마시따까

■ 이 학교를 지망하는 이유는 무엇입니까?

この学校を志望する理由は何ですか。

코노각꼬-오시보-스루리유-와난데스까

■ 너무 긴장해서 아무 생각이 나지 않습니다.

緊張して頭が真っ白になってしまいました。

킨쬬-시떼아따마가맛시로니낫떼시마이마시따

頭が真っ白になる 아무 생각이 안 난다.

■ ~에 대해 질문 하겠습니다.

~についてお聞きたいんです。

~니츠이떼오끼끼따인데스

일상생활

- 간단하게 말씀해 주세요.
  ### 手短かに話してください。
  테미지까니하나시떼구다사이

- 좀 더 구체적으로 설명해 주시겠습니까?
  ### もっと具体的に説明していただけますか。
  못또구따이떼끼니세쯔메-시떼이다다께마스까

- 면접이 곧 있습니다.
  ### 面接がもうすぐです。
  멘세쯔가모-스구데스

  ~がもうすぐです ~이(가) 곧 있습니다.

◐ 입학 수속

입학 수속도 만만하지 않지요!?

- 필요한 서류는 무엇입니까?
  ### 必要な書類は何ですか。
  히쯔요-나쇼루이와난데스까

- 언제까지 준비하면 될까요?
  ### いつまでに用意すればいいですか。
  이쯔마데니요-이스레바이-데스까

- 수업은 언제부터 시작됩니까?
  ### 授業はいつから始まりますか。
  쥬-교-와이쯔까라하지마리마스까

Section 10

- 다음 달부터의 클래스에 신청하고 싶은데요.

  来月からのクラスに申し込みたいんですが。

  라이게쯔까라노쿠라스니모-시꼬미따인데스가

  申し込む 신청하다.

- 시간표는 게시판에서 확인해 주십시오.

  時間割は掲示板で確認してください。

  지깡와리와케-지반데카꾸닌시떼구다사이

- 유학생 센터는 어디에 있습니까?

  留学生センターはどこにありますか。

  류-각세-센따-와도꼬니아리마스까

일상생활

05 은행

돈이 왔다 갔다 하는 문제인데 헤매고 있으면 곤란하겠죠. 계좌개설에서부터 송금 및 기타 업무까지 필요한 표현들을 익혀 보도록 하겠습니다.

● 계좌 개설

계좌를 개설하고 싶다는 의사 표현을 해 봅니다. 우리는 외국인이니 외국인 등록증이나 여권을 지참해야 하며 우리보다 빨리 문을 닫으니 서둘러서 가세요.(오전 9시부터~오후 3시)

■ 계좌를 열고 싶은데요.

口座を 開きたいんですが。

코-자오히라끼따인데스가

· 口座を 開く 계좌를 열다. · 口座を 設ける 계좌를 열다.

■ 보통예금을 하고 싶은데요.

普通預金を したいのですが。

후쯔-요낑오시따이노데스가

· 普通預金 보통예금 · 定期預金 정기예금

■ 예금계좌를 만들고 싶은데요.

預金の口座をつくりたいのですが。

요낀노코-자오츠꾸리따이노데스가

■ 계좌를 개설하고 싶은데요.

口座を設けたいんですが。

코-자오모-께따인데스가

■ 카드도 만들고 싶습니다.

カードもつくりたいのですが。

카-도모츠꾸리따이노데스가

■ 이자가 많이 붙습니다.

利子がたくさんつきます。

리시가탁상츠끼마스

利子がつく 이자가 붙다.

■ 이 용지에 기입해 주십시오.

この用紙に記入してください。

코노요-시니키뉴-시떼구다사이

■ 신청용지를 주십시오.

申し込み用紙をください。

모-시꼬미요-시오구다사이

■ 잔고는 얼마나 됩니까?

残高はいくらになりますか。

잔다까와이꾸라니나리마스까

・残高 잔고 ・元金 원금 ・利子 이자

일상생활

● 송금

송금을 할 때는 어떤 대화들이 오고 갈까요?

■ 여기서 송금할 수 있습니까?

ここで送金をおねがいできますか。

코꼬데소-낑오오네가이데끼마스까

■ 송금하고 싶습니다.

送金したいんです。

소-낀시따인데스

■ 수수료는 얼마나 듭니까?

手数料はいくらかかりますか。

테스-료-와이꾸라카까리마스까

■ 여기에 사인해 주십시오.

ここにサインしてください。

코꼬니사인시떼구다사이

● 기타 업무

■ 이 계좌를 해약하고 싶습니다.

この口座を解約したいんです。

코노코-자오카이야꾸시따인데스

Section 10

■ 세금에 유리한 저축입니다.

税金に有利な貯蓄です。

제-낀니유-리나쵸찌꾸데스

■ 융자는 이용할 수 있습니까?

ローンは利用できますか。

로-ㄴ와리요-데끼마스까

■ 공사채는 취급합니까?

公社債は扱っていますか。

코-샤사이와아쯔깟떼이마스까

■ 액수가 많으니까 수표로 해 주십시오.

額が多いので小切手にしてください。

가꾸가오-이노데코깃떼니시떼구다사이

· 小切手 수표   · 現金 현금   · 手形 어음

일상생활

06 우체국

우체국이 가지는 본연의 역할(편지, 소포, 등기, 속달, 전보) 이외에도 저금, 보험 등의 금융 업무도 취급합니다. 우리처럼 토요일, 일요일은 쉬니까 미리미리 일을 봐야겠습니다. 참고적으로 우체국 마크는 〒예요.

◐ 우체국에서

우체국의 위치도 찾아보고, 우표도 구입해 봅니다.

■ 근처에 우체국은 있습니까?

近くに郵便局はありますか。

치까꾸니유-빙꾜꾸와아리마스까

■ 우표를 파는 창구는 어디입니까?

切手を売る窓口はどこですか。

킷떼오우루마도구찌와도꼬데스까

■ 우표 1장 주세요.

切手を 一枚 ください。

킷떼오이찌마이구다사이

· 切手 우표 · 葉書 엽서 · 封筒 봉투

■ 기념우표를 사고 싶은데요.

記念切手を買いたいのですが。

키넹킷떼오카이따이노데스가

Section 10

● 우편 업무

등기, 전보, 편지를 부칠 때에 쓰이는 표현들입니다.

■ 우편 요금은 얼마입니까?
郵便料金はいくらですか。
유-빙료-낀와이꾸라데스까

■ 항공편으로 보내 주세요.
航空便にしてください。
코-꾸-빈니시떼구다사이

· 航空便 항공편   · 船便 배편

■ 배편으로 부탁합니다.
船便でお願いします。
후나빈데오네가이시마스

■ 속달로 부탁합니다.
速達で お願いします。
소꾸따쯔데오네가이시마스

· 速達 속달   · 書留 등기 우편

■ 보통으로 부탁합니다.
普通でお願いします。
후쯔-데오네가이시마스

일상생활

- 이 소포를 등기로 보내 주세요.

  これを書留にしてください。
  코레오카끼또메니시떼구다사이

- 서울에 도착하는 데 얼마나 걸립니까?

  ソウルまで着くのにどのくらいかかりますか。
  소우루마데츠꾸노니도노구라이카까리마스까

- 좀더 빠른 편은 없습니까?

  もっと早い方法はありませんか。
  못또하야이호-호-와아리마셍까

- 며칠이면 도착합니까?

  何日ぐらいで着きますか。
  난니찌구라이데츠끼마스까

- 이걸 보내는 데에 얼마나 듭니까?

  これを送るのにいくらかかりますか。
  코레오오꾸루노니이꾸라카까리마스까

- 어떤 방법으로 보내는 것이 가장 쌉니까?

  どういう方法で送るのが一番安いですか。
  도-유-호-호-데오꾸루노가이찌방야스이데스까

- 내용물은 무엇입니까?

  中身はなんですか。
  나까미와난데스까

Section 10

■ 내용물은 책입니다.

中身は本です。
なかみ　　ほん

나까미와혼데스

■ 깨지기 쉬운 물건입니다.

壊れやすい物です。
こわ　　　　　もの

코와레야스이모노데스

~やすい ~하기 쉬운

食べやすい 먹기 쉬운
た

■ 수취인 부담도 가능합니까?

着払いもできますか。
ちゃく ばら

챠꾸바라이모데끼마스까

● 경조문

■ 축하 전보를 치고 싶은데요.

お祝いに電報を打ちたいんですが。
いわ　　でん ぼう　う

오이와이니뎀뽀-오우찌따인데스가

電報を打つ 전보를 치다.
でん ぼう　う

■ 여기에 예시문과 번호가 있으니까 참고하세요.

ここに文例と番号があるから、それを参考にしてください。
ぶん れい　ばん ごう　　　　　　　　　　　　　さん こう

코꼬니분레-또방고-가아루까라 소레오상꼬-니시떼구다사이

일상생활

07 이용·미용

헤어스타일은 전체 모습을 좌지우지하므로 신중히 요구하여야 낭패 볼 일이 안 생기겠죠!!

· カット(커트) · パーマ(퍼머) · 散髪(이발) · ひげそり(면도)

🌱 이발소

■ 어떻게 하시겠습니까?

どう なさいますか。
도-나사이마스까

■ 어떻게 자를까요?

どのように切りましょうか。
도노요-니키리마쇼-까

· 切る 자르다 · 刈る 깎다

■ 이발과 면도를 부탁합니다.

散髪とひげそりをお願いします。
삼빠쯔또히게소리오오네가이시마스

■ 짧게 자를까요?

短く切りましょうか。
미지까꾸키리마쇼-까

272

■ 조금 잘라 주세요.

すこし刈ってください。
스꼬시캇떼구다사이

■ 다듬어만 주세요.

そろえるだけでけっこうです。
소로에루다께데켓꼬-데스

■ 보통으로 깎아 주세요.

ふつうに刈ってください。
후쯔-니캇떼구다사이

・ふつう 보통　・ショート 짧은 머리

■ 스포츠형으로 해 주세요.

スポーツ刈りにしてください。
스뽀-쯔가리니시떼구다사이

■ 지금과 같은 스타일로 해 주세요.

今と同じスタイルにしてください。
이마또오나지스따이루니시떼구다사이

■ 너무 올려 깎지 마세요.

あまり刈り上げないでください。
아마리카리아게나이데구다사이

■ 귀는 보이도록 깎아 주세요.

耳は見えるように刈ってください。
미미와미에루요-니캇떼구다사이

일상생활

■ 앞머리는 그대로 해 주세요.

前髪はそのままにしてください。
마에가미와소노마마니시떼구다사이

・前髪 앞머리   ・横髪 옆머리

■ 가르마는 이쪽으로 부탁합니다.

分け目はこの辺でお願いします。
와께메와코노헨데오네가이시마스

미용실

여성은 상황이 좀 복잡해질까요!?

■ 헤어 스타일을 바꾸고 싶습니다.

ヘアスタイルを 変えたいです。
헤아스따이루오카에따이데스

■ 머리 모양을 바꾸고 싶은데요.

髪型を変えたいんですが。
카미가따오카에따인데스가

■ 커트입니까, 파마입니까?

カットですか、パーマですか。
캇또데스까 파-마데스까

Section 10

■ 지금 유행하는 스타일로 해 주세요.

今流行りのスタイルにしてください。
이마하야리노스따이루니시떼구다사이

流行りのスタイル 유행하는 스타일
スタイリングしやすいスタイル 손질하기 쉬운

● 스타일

■ 이 잡지의 머리 모양으로 해 주세요.

この雑誌の髪型にしてください。
코노잣시노카미가따니시떼구다사이

■ 커트를 해 주세요.

カットしてください。
캇또시떼구다사이

■ 파마를 하고 싶은데요.

パーマを かけたいのですが。
파-마오카께따이노데스가

・パーマ 파마 ・マニキュア 매니큐어 ・パーマを かける 파마를 하다.

■ 파마를 너무 세게 말지 마십시오.

パーマをあまり強くかけないでください。
파-마오아마리츠요꾸카께나이데구다사이

■ 갈색으로 염색해 주세요.

茶色に そめてください。
챠이로니소메떼구다사이

일상생활

- 연하게 염색해 주세요.

  軽く色をつけてください。
  카루꾸이로오츠께떼구다사이

- 손질이 간편한 스타일로 해 주세요.

  手入れが楽なスタイルにしてください。
  테이레가라꾸나스따이루니시떼구다사이

- 너무 짧지 않게 해 주세요.

  短すぎないようにしてください。
  미지까스기나이요-니시떼구다사이

- 헤어스프레이는 뿌리지 마세요.

  ヘアスプレーはつけないでください。
  헤아스뿌레-와츠께나이데구다사이

- 팁 포함입니까?

  チップ込みですか。
  칩뿌꼬미데스까

일상생활

08 세탁소

생활이 바빠지고 의상도 발달하면서 세탁소를 이용할 일이 더욱 많아졌습니다. 옷값도 만만치 않은데 주문을 잘못하면 안되겠죠!!

● 세탁

■ 이것을 드라이크리닝하고 싶은데요.

これを ドライクリーニングしてもらいたいのですが。

코레오도라이꾸리-닝구시떼모라이따이노데스가

■ 양복 세탁을 부탁합니다.

背広のクリーニングをお願いします。

세비로노쿠리-닝구오오네가이시마스

クリーニング屋 세탁소

■ 얼룩을 빼 주세요.

シミを とってください。

시미오톳떼구다사이

シミを とる 얼룩을 빼다.

■ 이 얼룩은 질까요?

このシミは取れるでしょうか。

코노시미와토레루데쇼-까

일상생활

■ 이 얼룩 좀 지워 주시겠습니까?

このシミを取っていただけますか。

코노시미오톳떼이따다께마스까

■ 안 지워질지도 모르겠습니다.

落ちないかもしれません。

오찌나이까모시레마셍

■ 이것을 다려 주셨으면 하는데요.

これをプレスしてもらいたいのですが。

코레오푸레스시떼모라이따이노데스가

■ 다림질을 하고 싶은데요.

アイロンを かけてほしいんですが。

아이롱오카께떼호시-ㄴ데스가

アイロンを かける 다림질을 하다.

■ 언제까지 됩니까?

いつ 仕上がりますか。

이쯔시아가리마스까

仕上がる 다 되다.

■ 언제 찾으러 오면 됩니까?

いつ取りに来ればいいですか。

이쯔토리니구레바이-데스까

Section 10

■ 내일까지 부탁합니다.

あしたまでにお願いします。

아시따마데니오네가이시마스

■ 옷감이 상하지 않게 신경을 써 주세요.

生地が痛まないように気をつけてください。

키지가이따마나이요-니키오츠께떼구다사이

気をつける 신경 쓰다.

■ 모레 필요한데요.

あさって 必要なんですが。

아삿떼히쯔요-난데스가

■ 이것은 제 것이 아닙니다.

これは わたしのものではありません。

코레와와다시노모노데와아리마셍

● 수선

■ 이 바지를 수선해 주시겠습니까?

このズボンを繕ってもらえますか。

코노즈봉오츠꾸롯떼모라에마스까

■ 소매를 고쳐 주세요.

袖を直してください。

소데오나오시떼구다사이

일상생활

- 허리를 줄여 주세요.

  ウェストを詰めてください。
  웨스또오츠메떼구다사이

  ウェストを詰める 허리를 줄이다.

- 소매가 깁니다.

  袖が長いです。
  소데가나가이데스

● 찾을 때

- 제 세탁물은 다 됐습니까?

  私の洗濯物はできていますか。
  와따시노센따꾸모노와데끼떼이마스까

- 세탁물을 찾고 싶은데요.

  洗濯物を取りに来たのですが。
  센따꾸모노오토리니키따노데스가

- 얼룩이 빠지지 않습니다.

  シミが取れません。
  시미가토레마셍

- 하나 부족한 것 같은데요.

  一つ足りないのですが。
  히또쯔타리나이노데스가

|일상생활|

09 주유소·카센터

일본어로 주유소는 ガソリンスタンド라고 합니다. 주유하고 계산하는 표현을 익혀 보도록 하겠습니다. 참 그러고 보니 満タン이 일본어였네요. (뜻은 아래에 있습니다.)

🔸 주유소

■ 이 근처에 주유소가 있습니까?

この近くにガソリンスタンドがありますか。
코노치까꾸니가소린스딴도가아리마스까

· 近くに 근처에   · 遠くに 멀리

■ 저기 주유소가 있습니다.

あそこにガソリンスタンドがあります。
아소꼬니가소린스딴도가아리마스

■ 가득 넣어 주세요.

満タンにしてください。
만딴니시떼구다사이

満タン 가득 채움

■ ~엔어치만 넣어 주세요.

~円だけ入れてください。
~엔다께이레떼구다사이

일상생활

■ 카드를 갖고 계신가요?

カードはお持ちですか。
카-도와오모찌데스까

■ 카드를 만들어 드릴까요?

カードをお作りしましょうか。
카-도오오쯔꾸리시마쇼-까

■ 쓰레기 버릴 것은 없습니까?

ゴミなどはございませんか。
고미나도와고자이마셍까

■ 가득 주유했습니다.

満タン入りました。
만딴하이리마시따

■ 계산은 카드로 부탁합니다.

お支払いはカードでお願いします。
오시하라이와카-도데오네가이시마스

■ ~엔 받았습니다.

~円入りました。
~엔하이리마시따

■ 여기에 사인해 주십시오.

ここにサインしてください。
코꼬니사인시떼구다사이

Section 10

● 카센터

■ 차를 점검해 주시겠어요?

車を点検してくださいませんか。
쿠루마오텡껜시떼구다사이마셍까

■ 오일을 점검해 주세요.

オイルを点検してください。
오이루오텡껜시떼구다사이

・点検 점검　・交換 교환

■ 배터리를 충전해 주세요.

バッテリーを充電してください。
밧떼리-오쥬-덴시떼구다사이

■ 배터리가 떨어졌습니다.

バッテリーがあがってしまいました。
밧떼리-가아갓떼시마이마시따

バッテリーがあがる　배터리가 다 되다, 떨어지다.

■ 시동이 걸리지 않습니다.

エンジンが かかりません。
엔징가카까리마셍

■ 타이어가 펑크났습니다.

タイヤがパンクしました。
타이야가팡꾸시마시따

283

일상생활

- 차가 고장났어요.

    車が故障したんです。

    쿠루마가코쇼-시딴데스

- 고칠 수 있습니까?

    修理できますか。

    슈-리데끼마스까

- 수리하는 데 얼마나 걸립니까?

    修理するのにどのくらいかかりますか。

    슈-리스루노니도노쿠라이카까리마스까

- 이상한 소리가 납니다.

    変な音がします。

    헨나오또가시마스

- 이상이 없는지 체크해 주세요.

    異常はないかチェックしてください。

    이죠-와나이까첵꾸시떼구다사이

- 이상 없습니다.

    異常ありません。

    이죠-아리마셍

- 이제 자동차 검사 받을 때가 되었군요.

    そろそろ車検ですね。

    소로소로샤껜데스네

・車検 자동차 검사 ・車検証 자동차 검사증

11

식당

물가 비싸기로 유명한 일본에서 마음놓고 식사하기는 힘들지만 여기까지 온만큼 일본 고유 음식만큼은 놓치고 지나갈 순 없겠죠!! 색의 예술이라는 일본 음식, 주문부터가 쉽지 않겠지만 차근차근 해나가기로 하겠습니다. 일본도 저렴한 음식에서 고가의 엄두도 못내는 음식까지 다양하므로 나름대로 즐겨보세요.

식당

01 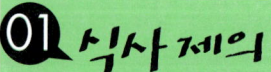 식사 제의

일본인에게 식사 제의를 할 때는 상대방의 형편을 우선적으로 고려해야 합니다. 먼저 시간이 되는지 물어볼 때는 이렇게 말해 보세요.

あしたは何か予定がありますか。(내일은 뭔가 예정이 있습니까?)

식사 제의

■ 식사하러 갈까요?

食事に行きましょうか。

쇼꾸지니이끼마쇼-까

■ 식사라도 같이 할까요?

食事でも一緒にしましょうか。

쇼꾸지데모잇쇼니시마쇼-까

■ 점심 식사하러 나가지 않겠습니까?

お昼、食べに行きませんか。

오히루 타베니이끼마셍까

■ 뭐 좀 먹으러 갑시다.

何か食べに行きましょう。

나니까타베니이끼마쇼-

상대방에게 제의할 때는 「ましょうか。」,「~ましょう。」,「~ませんか。」 등의 표현을 많이 씁니다.

286

Section 11

■ 제가 대접하겠습니다.

わたしに接待させてください。
와따시니셋따이사세떼구다사이

■ 제가 살게요.

私がごちそうします。
와따시가곳소-시마스

■ 어떤 음식을 좋아하십니까?

どんな食べ物がお好みですか。
돈나타베모노가오꼬노미데스까

■ 저는 벌써 먹었습니다.

私はもう食べました。
와따시와모-타베마시따

■ 무엇이든 먹습니다.

何でも食べます。
난데모타베마스

■ 어디로 갈까요?

どこに行きましょうか。
도꼬니이끼마쇼-까

■ 뭘 먹으러 갈까요?

何を食べに行きましょうか。
나니오타베니이끼마쇼-까

식당

- 저는 고기를 좋아합니다.

    わたしは焼肉が好きです。
    와따시와야끼니꾸가스끼데스

- 스파게티가 좋겠네요.

    スパゲッティがいいですね。
    스빠겟띠가이-데스네

- 저는 음식은 까다롭지 않습니다.

    私は食べ物にはうるさくないんです。
    와따시와타베모노니와우루사꾸나인데스

- 이 근처에 맛있는 레스토랑이 있습니다.

    この近くにおいしいレストランがあります。
    코노치까꾸니오이시-레스또랑가아리마스

- 고기는 어떻습니까?

    焼肉はどうですか。
    야끼니꾸와도-데스까

식당

02 예약

어느 정도 수준이 되는 고급 레스토랑이라면 미리 예약을 해야지만 식사를 할 수 있습니다. 이용하는 인원과 시간을 체크해서 서둘러 예약하세요.

~時に予約をお願いします。(~시에 예약을 부탁합니다.)

● 예약

■ 이 식당은 예약이 필요합니까?

この食堂は予約は必要ですか。

코노쇼꾸도-와요야꾸와히쯔요-데스까

■ 예, 예약하시는 게 좋습니다.

はい、予約された方がいいです。

하이 요야꾸사레따호-가이-데스

■ 몇 시 정도가 좋으시겠습니까?

何時だとご都合がよろしいですか。

난지다또고쯔고-가요로시-데스까

都合 사정, 형편

■ 언제가 괜찮으십니까?

いつだと都合がいいですか。

이쯔다또츠고-가이-데스까

■ 6시가 괜찮겠는데요.

6時が都合がよいのですが。

로꾸지가츠고-가요이노데스가

| 식당

■ 오늘 저녁 7시에 예약을 부탁합니다.
今夜の７時に予約をお願いします。
콩야노시찌지니요야꾸오오네가이시마스

■ 몇 분이십니까?
何名様でしょうか。
남메-사마데쇼-까

何名様 몇 분

■ 성함이 어떻게 되십니까?
お名前は。
오나마에와

■ 죄송합니다만 오늘은 예약이 꽉 차 있습니다.
申し訳ありませんが、今日は予約がいっぱいでございます。
모-시와께아리마셍가 쿄-와요야꾸가잇빠이데고자이마스

申し訳ありませんが 죄송합니다만

좀 더 정중한 표현에 申し訳ございませんが가 있습니다.

■ 6시로 예약해 놓겠습니다.
６時にお待ち申し上げております。
로꾸지니오마찌모-시아게떼오리마스

■ 예약을 바꾸고 싶은데요.
予約を変更したいんですが。
요야꾸오헹꼬-시따인데스가

■ 예약을 취소하고 싶습니다.

予約をキャンセルしたいんです。

요야꾸오캔 세루시따인데스

■ 전망 좋은 곳으로 부탁합니다.

眺めのいいところをお願いします。

나가메노이-도꼬로오오네가이시마스

眺めのいいところ 전망 좋은 곳
静かなところ 조용한 곳

■ 창가 테이블이 좋은데요.

窓際のテーブルがいいのですが。

마도기와노테-부루가이-노데스가

식당

03 식당 입구

예약을 했다면 종업원의 지시에 따르면 되고 예약을 하지 못한 상황이라면 자리 여부를 질문해 봅니다.

● 예약 확인

미리 예약되어 있는 지의 여부를 확인하는 절차입니다. 예약을 했다면 予約しました。(예약했습니다.), 하지 않았다면 予約はしておりません。(예약은 하지 않았습니다.) 라고 말하세요.

■ 예약하셨습니까?

ご予約ですか。

고요야꾸데스까

■ 예약해 둔 김입니다만.

予約しておいた金ですが。

요야꾸시떼오이따키무데스가

■ 오늘 저녁 6시로 예약했습니다.

今夜6時で予約しました。

콩야로꾸지데요야꾸시마시따

・今夜 오늘 저녁   ・今朝 오늘 아침

- 명단에 손님의 이름이 없습니다.

  リストにお客様のお名前がございません。

  리스또니오꺅사마노오나마에가고자이마셍

- 야마다라는 이름으로 예약했습니다.

  山田で予約してあります。

  야마다데요야꾸시떼아리마스

- 그런 이름은 없습니다만.

  そのようなお名前はございませんが。

  소노요-나오나마에와고자이마셍가

자리 배정

자신이 원하는 자리를 말 할 수 있고, 종업원의 안내를 받아 자리에 앉도록 합니다.

- 혼자이십니까?

  お一人様でいらっしゃいますか。

  오히또리사마데이랏샤이마스까

- 자리 있습니까?

  席は空いていますか。

  세끼와아이떼이마스까

- 예약은 안 했는데 자리가 있습니까?

  予約はしてないと思いますが、席は空いていますか。

  요야꾸와시떼나이또오모이마스가 세끼와아이떼이마스까

식당

- 예, 있습니다.

 はい、ございます。
 하이 고자이마스

- 큰방이 필요합니다.

 大きな部屋はありますか。
 오-끼나헤야와아리마스까

- 흡연석으로 부탁합니다.

 喫煙席にしてください。
 키쯔엔세끼니시떼구다사이

 ・喫煙席 흡연석   ・禁煙席 금연석

- 자리가 날 때까지 얼마나 걸립니까?

 席が空くまでどのくらいかかりますか。
 세끼가아꾸마데도노쿠라이카까리마스까

- 여기 앉아서 잠시만 기다리세요.

 こちらにお座りになって少々お待ちください。
 코찌라니오스와리니낫떼쇼-쇼-오마찌구다사이

- 죄송합니다만, 우리가 먼저 왔는데요.

 申し訳ありませんが、私たちが先に来たんですが。
 모-시와께아리마셍가 와따시따찌가사끼니키딴데스가

- 이쪽으로 오십시오. 안내해 드리겠습니다.

 こちらへどうぞ。 ご案内いたします。
 코찌라에도-조 고안나이이따시마스

Section 11

■ 나중에 한 사람 더 옵니다.

後でもう一人来ます。
あと　　　　ひとり　き

아또데모-히또리키마스

■ 다른 자리로 옮겨도 될까요?

他の席に移ってもいいですか。
ほか　せき　うつ

호까노세끼니우쯧떼모이-데스까

~てもいいですか。 ~ 해도 될까요?
私もそこへ行ってもいいですか。 저도 거기에 가도 될까요?
わたし　　　　　い

■ 자리가 날 때까지 기다리겠습니다.

席が空くまで待ちます。
せき　あ　　　　ま

세끼가아꾸마데마찌마스

식당

04 메뉴

잘 알고 있는 요리가 아니라면 주문하기가 쉽지 않습니다. 메뉴판의 사진을 보고 시킬 수도 있지만 확신이 서지 않는다면 종업원에게 도움을 청하세요.

これはどんな料理ですか。(이것은 어떤 요리입니까?)

● 메뉴

■ 메뉴를 보여 주시겠어요?

メニューを見せていただけますか。

메뉴-오미세떼이따다께마스까

■ 이건 어떤 요리입니까?

これはどんな料理ですか。

코레와돈나료-리데스까

■ 뭔가 간단한 요리가 있습니까?

何か軽いものがありますか。

나니까카루이모노가아리마스까

■ 오늘의 추천 요리는 무엇입니까?

今日のおすすめ料理は何ですか。

쿄-노오스스메료-리와난데스까

· おすすめ料理 추천 요리 · 自慢料理 잘하는 요리 · 特別料理 특선 요리

■ 뭔가 추천해 주시겠습니까?

何かおすすめなさいますか。

나니까오스스메나사이마스까

■ 어떤 식으로 요리가 됩니까?

どういうふうに料理されるのですか。

도-유-후-니료-리사레루노데스까

■ 점심 메뉴는 무엇이 있습니까?

ランチは何がありますか。

란찌와나니가아리마스까

■ 무엇이 제일 맛있습니까?

何が一番おいしいですか。

나니가이찌방오이시-데스까

■ 무엇으로 하시겠습니까?

何になさいますか。

나니니나사이마스까

■ 가장 빨리 되는 요리는 무엇입니까?

一番早くできる料理は何ですか。

이찌방하야꾸데끼루료-리와난데스까

■ 양이 어느 정도입니까?

量がどのくらいですか。

료-가도노구라이데스까

どのくらい。「くらい」는 정도를 나타내는 말입니다. 여기에 「どの」가 오면 어느 정도 라는 뜻으로 크기, 길이, 시간 등을 대강 물어볼 때 씁니다.

■ 이 메뉴는 양이 너무 적습니다.

このメニューは量が少ないんです。

코노메뉴-와료-가스꾸나인데스

| 식당 |

- **충분히 먹을 수 있는 양입니다.**
  十分食べられる量です。
  쥬-분타베라레루료-데스

식당

05 주문

자신이 택한 요리를 주문하는 표현을 익혀 보도록 하겠습니다.
간단하게 이렇게 말해 보세요.
~をください。(~을(를) 주세요.)

🗨 주문

■ ~을 주문하고 싶은데요.

~を注文したいのですが。
~오츄-몬시따이노데스가

■ 이것을 주십시오.

これをください。
코레오구다사이

■ 그럼, 그것으로 하겠습니다.

じゃ、それにします。
쟈 소레니시마스

それにします。그것으로 하겠습니다.　これにします。이것으로 하겠습니다.

■ 여기는 생선요리가 유명합니다.

ここは魚料理が有名です。
코꼬와사까나료-리가유-메-데스

■ 오늘의 특선 요리로 하겠습니다.

今日のおすすめの料理をいただきます。
쿄-노오스스메료-리오이따다끼마스

식당

- 같은 것을 부탁합니다.

  同じ物にします。
  오나지모노니시마스

- 스테이크는 어떤 식으로 구울까요?

  ステーキはどういうふうに焼きますか。
  스떼-끼와도-유-후-니야끼마스까

- 잘 익혀 주십시오.

  ウェルダンでお願いします。
  웨루단데오네가이시마스

- 덜 익혀 주십시오.

  レアでお願いします。
  레아데오네가이시마스

- 중간쯤 익혀 주십시오.

  ミディアムでお願いします。
  미디아무데오네가이시마스

- 빵과 밥 중에 어느 것으로 하시겠습니까?

  パンとライスのどちらになさいますか。
  팡또라이스노도찌라니나사이마스까

- 마실 것은 무엇으로 하시겠습니까?

  お飲み物は何になさいますか。
  오노미모노와나니니나사이마스까

Section 11

■ 어떤 것이 있습니까?

どういうのがありますか。
도-유-노가아리마스까

■ 커피 주세요.

コーヒーをください。
코-히-오구다사이

・コー ヒー 커피 ・コーラ 콜라 ・ジュース 주스

■ 저는 아무거나 하겠습니다.

わたしは何でもいいです。
와따시와난데모이-데스

■ 디저트는 어떤 것으로 하시겠습니까?

デザートは何になさいますか。
데자-또와나니니나사이마스까

■ 아이스크림으로 하겠습니다.

アイスクリームにします。
아이스꾸리-무니시마스

■ 디저트는 됐습니다.

デザートはいいです。
데자-또와이-데스

■ 나중에 또 주문하겠습니다.

またあとで注文します。
마따아또데츄-몬시마스

あとで 나중에

식당

06 요구 사항, 불만

식당이라는 곳이 여럿이 식사하는 공간이므로 때로는 서비스라든가 식사 도구 등의 청결 상태가 마음에 들지 않을 때가 있습니다. 이럴 경우에는 바로 시정을 요구하세요.

● 요구 사항

자신이 원하는 사항에 대해 익혀 보도록 하겠습니다.

- **물수건 주세요.**

  おしぼりください。
  오시보리구다사이

- **냅킨 주세요.**

  ナプキンください。
  나뿌낑구다사이

- **새 젓가락을 부탁합니다.**

  箸の新しいのをお願いします。
  하시노아따라시-노오오네가이시마스

- **포크를 떨어뜨렸습니다.**

  フォークを落しました。
  호-꾸오오또시마시따

Section 11

■ 포크를 바꿔 주시겠습니까?

フォークを替えていただけますか。
호-꾸오카에떼이따다께마스까

替えていただけますか。 바꿔 주시겠습니까?

おかわりお願いします。 하나 더 주세요.

■ 테이블을 닦아주세요.

テーブルを拭いてください。
테-부루오후이떼구다사이

■ 테이블을 치워 주시겠습니까?

テーブルをかたづけてもらえますか。
테-부루오카따즈께떼모라에마스까

下げてもらえますか。 치워 주시겠습니까?

■ 이거 좀 데워 주십시오.

これを温めてください。
코레오아따따메떼구다사이

温める 데우다.

薄くする 연하게 하다.

濃くする 진하게 하다.

| 식당

🔴 불만

요리에 이상이 있거나 문제가 발생했을 경우에는 시정하거나 바꿔줄 것을 요구합니다.

■ 요리가 아직 나오지 않았습니다.

料理がまだ来ていません。

료-리가마다키떼이마셍

■ 빨리 갖다 주시겠습니까?

早く持ってきてもらえますか。

하야꾸못떼키떼모라에마스까

■ 내가 주문한 음식이 아닙니다.

私が注文したものではありません。

와따시가츄-몬시따모노데와아리마셍

■ 내가 주문한 것은 어떻게 된 겁니까?

私の注文はどうなっちゃったんでしょう。

와따시노츄-몬와도-낫챳딴데쇼-

■ 다른 테이블 요리입니다. 가져가 주시겠습니까?

ほかのテーブルの料理です。持っていってもらえますか。

호까노테-부루노료-리데스 못떼잇떼모라에마스까

■ 맛이 이상합니다.

味がおかしいです。

아지가오까시-데스

- 머리카락이 들어 있어요.

  髪の毛が入っていますよ。

  카미노께가하잇떼이마스요

- 잘 익지 않은 것 같은데요.

  よく火が通ってないようですが。

  요꾸히가토옷떼나이요-데스가

- 맥주가 김이 빠졌군요.

  ビールが気抜になりましたね。

  비-루가키누께니나리마시따네

- 즉시 갖다 드리겠습니다.

  すぐにお持ちいたします。

  스구니오모찌이따시마스

  すぐに 즉시, 곧

식당

07 평가

맛있게 식사를 끝마쳤다면 문제가 없겠지만 그렇지 못하다면 불만이 상당히 많겠네요. 여러 가지 느낌을 표현해 보겠습니다.

🗣 음식에 대한 평가

■ 입에 맞으셨습니까?

お口に合いましたか。
오꾸찌니아이마시따까

口に合う 입맛에 맞다.
わたしの口には合いませんね。 제 입맞에 안 맞아요.

■ 맛있었습니다.

おいしかったです。
오이시깟따데스

■ 정말로 맛있게 먹었습니다.

ほんとうにおいしくいただきました。
혼또-니오이시꾸이따다끼마시따

여기서「いただく」는 '먹다' 라는 뜻입니다.

■ 너무 많아서 남겼습니다.

あまりにも多くて残してしまいました。
아마리니모오-꾸떼노꼬시떼시마이마시따

あまり+긍정 「あまり」 뒤에 긍정문이 오면 '너무' 의 뜻으로 쓰입니다.

Section 11

■ 지금까지 먹은 것 중에 최고로 맛있었습니다.

今まで食べたうちで最高においしかったです。

이마마데타베따우찌데사이꼬-니오이시깟따데스

■ 고기가 연해서 정말 맛있군요.

肉が柔らかくてほんとうにおいしいですね。

니꾸가야와라까꾸떼혼또-니오이시-데스네

■ 고기가 너무 질기군요.

お肉は固いですね。

오니꾸와카따이데스네

■ 생각보다 맛이 없습니다.

思ったよりおいしくないです。

오못따요리오이시꾸나이데스

■ 제 입맛에는 맞지 않습니다.

私の口には合いません。

와따시노쿠찌니와아이마셍

■ 고기가 상한 것 같습니다.

肉が腐ってるみたいです。

니꾸가쿠삿떼루미따이데스

식당

08 식사 중 담소

말없이 식사만 한다면 그냥 배만 채우는 것에 불과하겠죠. 마음 맞는 친구, 아니면 새로 사귄 일본인 친구, 비즈니스 자리, 여러 상황이 있겠지만 서로 여러 가지 대화를 나눠 보세요.

🗨 기호

개개인마다 좋아하는 취향이 있듯 음식에도 기호가 있기 마련입니다.

■ 좋아하시는 음식은 무엇입니까?

お好きな食べ物は何ですか。

오스끼나타베모노와난데스까

■ 이 요리를 먹은 적 있습니까?

この料理を食べたことがありますか。

코노료-리오타베따코또가아리마스까

~たことがありますか。 ~한 적이 있습니까?
あなたは海外旅行をしたことがありますか。 당신은 해외여행을 한 적이 있습니까?

■ 역시 한국요리가 제일 입맛에 맞습니다.

やはり韓国料理が一番口にあっています。

야하리캉꼬꾸료-리가이찌방쿠찌니앗떼이마스

■ 여기 자주 오십니까?

ここはよく来られますか。

코꼬와요꾸코라레미스까

Section 11

■ 이 식당은 나물이 맛있습니다.

この食堂はナムルがおいしいです。

코노쇼꾸도-와나무루가오이시-데스

■ 저는 채식주의자입니다.

わたしはベジタリアンです。

와따시와베지따리안데스

■ 저는 음식을 그다지 가리지 않습니다.

わたしはあまり好き嫌いがありません。

와따시와아마리스끼끼라이가아리마셍

■ 저는 기름진 음식은 그다지 좋아하지 않습니다.

私は油っこい料理はあまりすきではありません。

와따시와아부랏꼬이료-리와아마리스끼데와아리마셍

辛い料理   매운 음식
甘い料理   단 음식

습관

오랜 습관은 좀처럼 바꾸기가 힘든 법입니다. 여러분은 갖고 계신 습관이 있으시나요!?

■ 아침밥을 꼭 먹습니까?

朝食をちゃんと食べますか。

쵸-쇼꾸오챤또타베마스까

・朝ご飯 아침밥 ・昼ご飯 점심밥 ・夕飯 저녁밥

식당

- 꼭 챙겨 먹습니다.

  ええ、しっかり食べます。
  에- 싯까리타베마스

- 예, 간단히 해결합니다.

  ええ、簡単にすませます。
  에-칸딴니스마세마스

- 다이어트 중이에요.

  ダイエット中ですよ。
  다이엣또쮸-데스요

- 외식할 때가 많습니까?

  外食することが多いですか。
  가이쇼꾸스루고또가오-이데스까

- 아니오, 그렇게 많지 않습니다.

  いいえ、そんなに多くないです。
  이-에 손나니오-꾸나이데스

식당

09 술집

열심히 일하고 마시는 한 잔의 술, 피로와 스트레스를 풀어주는 윤활유가 되기도 합니다. 하지만 지나치다 보면 안하느니만도 못하겠죠.

_{かん ぱい}
乾杯(건배)

● 술집

■ 술은 뭘로 하시겠습니까?

お酒は何にしますか。
오사께와나니니시마스까

■ 맥주 있습니까?

ビール、ありますか。
비-루 아리마스까

■ 일본 청주에는 어떤 것이 있습니까?

日本酒は何がありますか。
니혼슈와나니가아리마스까

・日本酒 일본 청주 ・ビール 맥주 ・焼酎 소주 ・ウィスキー 위스키

■ 안주는 무엇으로 하시겠어요?

おつまみは何にしますか。
오쯔마미와나니니시마스까

・ビーフジャーキー 육포 ・サラダ 샐러드 ・卵焼き 달걀부침

311

식당

■ 과일 안주로 하겠습니다.

フルーツにします。
후루-쯔니시마스

■ 술은 센 편입니까?

お酒は強い方ですか。
오사께와츠요이호-데스까

■ 맥주 2병 주세요.

ビールを2本ください。
비-루오니홍구다사이

■ 이 술은 독합니까?

このお酒は強いですか。
코노오사께와츠요이데스까

■ 안주는 알아서 적당히 주세요.

つまみは適当に見繕ってください。
츠마미와테끼또-니미쯔꾸롯떼구다사이

식당

10 계산

일본은 割り勘(わかん)(각자부담, 더치페이) 문화가 발달한 나라이지만 경우에 따라 한 사람이 계산할 경우도 생길 수 있겠습니다. 현금이나 카드로 계산하는 상황에 대해 공부하기로 하겠습니다.

● 계산

- 제가 내겠습니다.

 私(わたし)に払(はら)わせてください。
 와따시니하라와세떼구다사이

- 제가 모두 내겠습니다.

 私(わたし)がまとめて払(はら)います。
 와따시가마또메떼하라이마스

- 괜찮겠습니까?

 いいですか。
 이-데스까

- 계산을 부탁합니다.

 お勘定(かんじょう)をお願(ねが)いします。
 오깐죠-오오네가이시마스

- 벌써 계산했습니다.

 もうお支払(しはら)いになりました。
 모-오시하라이니나리마시따

식당

- 어디서 지불하나요?

  どこで払うのですか。
  도꼬데하라우노데스까

- 전부 얼마입니까?

  全部でいくらですか。
  젬부데이꾸라데스까

- 소비세 포함해서 5000엔입니다.

  消費税込みで5000円です。
  쇼-히제-꼬미데고셍엔데스

  ・消費税 소비세   ・サービス料 봉사료

- 신용카드도 받습니까?

  クレジットカードも支払えますか。
  쿠레짓또까-도모시하라에마스까

- 현금으로 하겠습니다.

  現金で払います。
  겡낀데하라이마스

- 이것은 무슨 요금입니까?

  これは何の料金ですか。
  코레와난노료-낀데스까

- 팁은 포함되어 있습니까?

  チップは入っていますか。
  칩뿌와하잇떼이마스까

■ 계산이 틀리지 않습니까?

計算が間違っていませんか。

케-상가마찌갓떼이마셍까

■ 영수증을 받을 수 있을까요?

領収書を受け取ることができるでしょうか。

료-슈-쇼오우께또루고또가데끼루데쇼-까

■ 거스름돈이 틀립니다.

おつりが違います。

오쯔리가치가이마스

■ 거스름돈은 됐습니다.

おつりはいりません。

오쯔리와이리마셍

■ 오늘 고맙습니다. 잘 먹었습니다.

今日はありがとうございます。 ごちそうさまでした。

쿄-와아리가또-고자이마스 곳소-사마데시따

■ 제 몫은 제가 내겠습니다.

私の分はじぶんで出します。

와따시노분와지분데다시마스

회화 표현에 필요한 기초 문형

- **~ながら** ~하면서

  예) 本を読みながらご飯を食べます。　책을 읽으면서 밥을 먹습니다.

- **~てから** ~고 나서(한 후에)

  예) 勉強をしてからテレビを見ました。
  공부를 하고 나서 텔레비전을 봤습니다.

- **~ のです**
  ~합니다.(문장에 의미를 주거나 화자의 설명, 강조하는 기분을 나타낼 때)

  예) とても忙しいのです。　매우 바쁩니다.

- **~た ことが あります。** ~한 적이 있습니다.

  예) 私は日本を旅したことがあります。
  나는 일본을 여행한 적이 있습니다.

- **~より** ~보다

  예) 私はアイスコーヒーよりホットにします。
  나는 냉커피보다 뜨거운 커피로 하겠습니다.

- **~ために** ~ 때문에, ~을 위해서

  예) 病気のために会社を休みました。　아파서 회사를 쉬었습니다.

- **~と 思います。** ~라고 생각합니다.

  예) 日本はほんとうに物価が高いと思います。
  일본은 정말 물가가 비싸다고 생각합니다.

12 긴급상황

언어도 제대로 통하지 않는 타국에서 위급한 상황에 놓이게 된다면 당황하지 않을 수 없습니다. 워낙 치안유지가 잘 되어 있긴 하지만 지진같이 어쩔 수 없는 부분도 많고… 어쨌든 미리미리 준비하는 것이 가장 최선이라고 볼 수 있습니다. 비상약 준비는 잊지 마시고 당황하지 않고 자신의 상태를 알리려면 열심히 표현을 익혀야겠죠!!

긴급상황

01 사고

어렵겠지만 당황하지 말고 신속하게 상황을 알리는 것이 급선무입니다. 정확하고 침착하게 대처하세요.

◉ 언어 소통이 되지 않을 때

말을 듣지 못했거나 이해가 가지 않을 때에는 이렇게 말해 보세요.

もう一度言ってください。(다시 한번 말씀해 주세요.)

もっとゆっくり言っていただけますか。(좀 더 천천히 말씀해 주시겠습니까?)

■ **다시 한번 말씀해 주세요.**

もう一度言ってください。
모-이찌도잇떼구다사이

■ **뭐라고 말씀하셨습니까?**

何とおっしゃいましたか。
난또옷샤이마시따까

おっしゃる : 「言う」의 존경어입니다. 뜻은 말씀하시다.

■ **좀 더 천천히 말씀해 주시겠습니까?**

もっとゆっくり言っていただけますか。
못또육꾸리잇떼이따다께마스까

■ 뭐라고 말하는지 모르겠습니다.
何と言ったかわかりません。
난또잇따까와까리마셍

■ 어떻게 해 주세요.
何とかしてください。
난또까시떼구다사이

■ 저는 일본어는 하지 못합니다.
私は日本語は話せません。
와따시와니홍고와하나세마셍

■ 한국어를 할 줄 아는 사람은 없습니까?
韓国語の話せる人はいませんか。
캉꼬꾸고노하나세루히또와이마셍까

■ 말이 통하지 않습니다.
言葉が通じません。
코또바가츠-지마셍

言葉が通じる 말이 통하다.

■ 무슨 좋은 방법은 없습니까?
何かいい方法はないですか。
나니까이-호-호-와나이데스까

긴급상황

🔔 사고 발생

사고가 났을 때에는 신속하게 도움을 요청해야 합니다.

■ 사고예요.
事故ですよ。
지꼬데스요

■ 도와줘요!
助けて!
타스께떼

■ 빨리 구급차를 불러 주세요.
早く救急車を呼んでください。
하야꾸 큐-뀨-샤오 욘데구다사이

救急車を呼ぶ 구급차를 부르다.

■ 경찰을 부탁합니다.
警察をお願いします。
케-사쯔오 오네가이시마스

・警察 경찰   ・お巡りさん 순경

■ 긴급합니다.
緊急です。
킹뀨-데스

Section 12

■ 의사를 불러 주세요.

医者を呼んでください。
이샤오욘데구다사이

医者を呼ぶ 의사를 부르다.

■ 도둑이야!

泥棒!
도로보-

■ 저리 가!

あっちへ行け!
앗찌에이께

■ 자동차 사고입니다.

自動車事故です。
지도-샤지꼬데스

■ 다친 사람이 있습니다. 구급차를 불러 주세요.

ケガ人がいます。 救急車を呼んでください。
케가닝가이마스 큐-뀨-샤오욘데구다사이

· ケガ人 다친 사람 · けがをする 다치다

■ 상황을 설명해 주세요.

状況を説明してください。
죠-꾜-오세쯔메-시떼구다사이

긴급상황

- 저는 제한 속도를 철저히 지켰습니다.

  私は制限速度をちゃんと守っていました。

  와따시와세-겐소꾸도오쨘또마못떼이마시따

  制限速度を守る 제한 속도를 지키다.

- 저는 과실이 없습니다.

  私の方には過失はありません。

  와따시노호-니와카시쯔와아리마셍

- 뒷차에 받쳤습니다.

  うしろの車に追突されたんです。

  우시로노쿠루마니츠이또쯔사레딴데스

- 차가 미끄러졌습니다.

  車がスリップしました。

  쿠루마가스립뿌시마시따

- 여기는 주차 금지 구역입니다.

  ここは駐車禁止です。

  코꼬와츄-샤낀시데스

- 제한 속도는 알고 있습니까?

  制限速度は知っていますか。

  세-겐소꾸도와싯떼이마스까

  知っていますか?　　알고 있습니까?

  知っています。　　압니다.

  知りません。　　모릅니다.

Section 12

■ 음주운전이군요.

酒気帯運転ですね。

슈끼오비운뗀데스네

■ 속도 위반이군요.

スピード違反ですね。

스삐-도이한데스네

■ 뺑소니 사고입니다.

ひき逃げ事故です。

히끼니게지꼬데스

・ひき逃げ事故 뺑소니 사고 ・接触事故 접촉사고

■ 면허증을 보여 주십시오.

免許証を見せてください。

멩꾜쇼-오미세떼구다사이

■ 이 아이가 갑자기 나왔습니다.

この子供がいきなり出て来ました。

코노코도모가이끼나리데떼키마시따

■ 제 탓입니다.

私のせいです。

와따시노세-데스

■ 앞으로는 조심하겠습니다.

以後気をつけます。

이고키오츠께마스

긴급상황

02 분실

지갑이나 여권을 분실했을 경우에는 우선적으로 신고를 해야 합니다. 지갑 같은 경우는 경찰과 유실물 센터에 가서 도움을 받으면 되고, 여권은 즉시 한국대사관에 연락하면 됩니다. 이럴 때를 대비해 여권번호, 발행연월일 등의 필요한 사항정도는 따로 메모해 두면 좋겠죠!! 아참! 사진 2장도 잊지 마세요.

분실

■ 가방을 분실했습니다.

バッグを紛失しました。
박꾸오훈시쯔시마시따

· 紛失する / なくす / 忘れる 분실하다

■ 여권을 잃어버렸습니다.

パスポートをなくしました。
파스뽀-또오나꾸시마시따

■ 신용카드를 잃어버렸습니다.

クレジットカードを忘れました。
쿠레짓또카-도오와스레마시따

■ 지갑을 잃어버렸는데요. 그 안에 여권이 들어 있어요.

財布をなくしたんですが、その中にパスポートが入っていたんです。
사이후오나꾸시딴데스가 소노나까니파스뽀-또가하잇떼이딴데스

Section 12

■ 무엇이 들어 있습니까?

何が入っていましたか。
나니가하잇떼이마시따까

■ 어디서 잃었는지 모르겠습니다.

どこでなくしたのか覚えていないんです。
도꼬데나꾸시따노까오보에떼이나인데스

■ 유실물 보관소는 어디입니까?

遺失物取扱所はどこですか。
이시쯔부쯔토리아쯔까이쇼와도꼬데스까

・遺失物取扱所 유실물 보관소   ・遺失物センター 유실물 센터

■ 유실물 담당은 어디입니까?

遺失物係はどこですか。
이시쯔부쯔가까리와도꼬데스까

■ 누구에게 알리면 됩니까?

だれに知らせたらいいですか。
다레니시라세따라이-데스까

~たら ~한다면   行きたかったら行ってください。 가고 싶으면 가세요.

■ 이 근처에 있습니까?

この近くにありますか。
코노치까꾸니아리마스까

325

긴급상황

■ 담당자를 불러 주세요.

係員を呼んでください。

카까리잉오욘데구다사이

■ 찾아봐 주시겠습니까?

探していただけますか。

사가시떼이다다께마스까

■ 이 서류에 기입해 주십시오.

この書類に記入してください。

코노쇼루이니키뉴-시떼구다사이

■ 카드를 무효화해 주세요.

カードを無効にしてください。

카-도오무꼬-니시떼구다사이

■ 재발행은 어디서 합니까?

再発行はどこでしますか。

사이학꼬-와도꼬데시마스까

긴급상황

03 도난

도난신고는 바로 그 즉시 잊지 마세요.

~を盗まれました。(~을(를) 도둑맞았습니다.)
~をすられました。(~을(를) 소매치기 당했습니다.)

● 도난

■ 도둑이야!

泥棒ッ!

도로보-ㅅ

■ 무슨 일이십니까?

何のご用ですか。

난노고요-데스까

■ 도둑이 들었습니다.

泥棒に入られました。

도로보-니하이라레마시따

泥棒に入られる 도둑이 들다.

■ 저 남자가 내 가방을 훔쳤어요.

その男が私のバッグを取ったんです。

소노오또꼬가와따시노박구오톳딴데스

■ 가방을 도난 당했어요.

バッグを盗まれました。

박구오누스마레마시따

긴급상황

- 전철 안에서 지갑을 소매치기 당했어요.

  電車の中で財布をすられました。
  덴샤노나까데사이후오스라레마시따

- 무엇을 소매치기 당했습니까?

  何をすられましたか。
  나니오스라레마시따까

- 무엇을 도난 당했습니까?

  何を盗まれましたか。
  나니오누스마레마시따까

- 신분증과 현금 약간입니다.

  身分証明書と現金少しです。
  미분쇼-메-쇼또겡낀스꼬시데스

  身分(○)　しんぶん(×)

- 카메라를 소매치기 당했습니다.

  カメラをすられました。
  카메라오스라레마시따

- 카드는 빨리 은행에 신고하세요.

  カードは早く銀行に届けてください。
  카-도와하야꾸깅꼬-니토도께떼구다사이

- 파출소까지 데려가 주세요.

  交番まで連れて行ってください。
  코-반마데츠레떼잇떼구다사이

Section 12

■ 경찰을 불러 주세요.
警察を呼んでください。
케-사쯔오욘데구다사이

■ 도난 신고를 하려고 합니다만.
盗難届けを出したいんですが。
토-난도도께오다시따인데스가

盗難届けを出す 도난 신고를 하다.

■ 도난 증명서를 써 주십시오.
盗難証明書を書いてください。
토-난쇼메-쇼오카이떼구다사이

긴급상황

04 질병(병원·약국)

비상약 가지고 해결이 안된다면 병원이나 약국을 찾아야 합니다. 이럴 때 자신의 상태를 정확히 알리려면 적절한 표현 등을 두루 익혀둬야겠죠!?

○ 진료 접수

■ 진찰을 받고 싶은데요.

診察を受けたいんですが。

신사쯔오우께따인데스가

■ 접수는 어디서 합니까?

受付はどちらでしょうか。

우께쯔께와도찌라데쇼-까

■ 오늘이 처음입니까?

今日が初めてですか。

쿄-가하지메떼데스까

■ 접수용지는 어디에 있습니까?

受付用紙はどこにありますか。

우게쯔께요-시와도꼬니아리마스까

■ 보험증은 있습니까?

保険証はありますか。

호껜쇼-와아리마스까

330

Section 12

■ 김선생님께 진찰을 받고 싶은데요.

金先生に診ていただきたいんですが。
키무센세-니미떼이다다끼따인데스가

● 진찰

■ 어디가 아프십니까?

どこがいたいんですか。
도꼬가이따인데스까

■ 진찰합시다.

診察しましょう。
신사쯔시마쇼-

■ 언제부터 아픕니까?

いつからいたいんですか。
이쯔까라이따인데스까

■ 입을 벌려 주십시오.

口を開けてください。
쿠찌오아께떼구다사이

· 口を開けて 입을 벌려 · 横になって 옆으로 누워 · 脱いで 벗어

■ 숨을 크게 쉬십시오.

いきを大きくすってください。
이끼오오-끼꾸슷떼구다사이

긴급상황

- 체온을 재 봅시다.

  体温を計りましょう。

  타이옹오하까리마쇼-

- 혈압을 재 봅시다.

  血圧をはかって見ましょう。

  케쯔아쯔오하깟떼미마쇼-

- 어디가 안 좋은가요?

  どこがわるいのでしょうか。

  도꼬까와루이노데쇼-까

- 검사를 받아야 합니까?

  検査を受けないといけませんか。

  켄사오우께나이또이께마셍까

- 치료는 어떻게 하면 됩니까?

  治療はどうしたらいいですか。

  치료-와도-시따라이-데스까

- 건강진단은 받은 적이 없습니다.

  健康診断は受けたことがありません。

  켕꼬-신단와우께따고또가아리마셍

Section 12

● 내과

■ 감기에 걸린 것 같습니다.

風邪をひいたみたいです。
카제오히이따미따이데스

風邪をひく 감기에 걸리다.

■ 머리가 아픕니다.

頭が痛いんです。
아따마가이따인데스

■ 오한이 납니다.

さむけがします。
사무께가시마스

さむけがする 오한이 나다.

■ 목이 아프고 기침도 납니다.

喉が痛くてせきも出ます。
노도가이따꾸떼세끼모데마스

■ 열은 없습니다만, 머리가 쑤십니다.

熱はありませんが、頭が痛いです。
네쯔와아리마셍가 아따마가이따이데스

■ 배가 아픕니다.

腹が痛いです。
하라가이따이데스

긴급상황

■ 토할 것 같습니다.

吐きそうです。

하끼소-데스

■ 설사를 했습니다.

下痢をしました。

게리오시마시따

下痢をする 설사를 하다.

■ 구역질이 납니다.

はきけがします。

하끼께가시마스

● 외과

■ 발목을 삐었습니다.

足首を捻挫しました。

아시꾸비오넨자시마시따

■ 허리를 삔 것 같은데요.

腰を捻挫したらしいのですが。

코시오넨자시따라시-노데스가

■ 어깨가 아파서 움직일 수 없습니다.

肩が痛くて動けません。

카따가이따꾸떼우고께마셍

Section 12

■ 화상을 입었습니다.

やけどをしました。
야께도오시마시따

やけどをする 화상을 입다.

■ 팔이 빠진 것 같습니다.

腕を脱臼したらしいんです。
우데오닷뀨-시따라시-ㄴ데스

■ 다리가 부러진 것 같습니다.

脚が折れたようです。
아시가오레따요-데스

■ 손을 데었습니다.

手を火傷しました。
테오야께도시마시따

■ 어젯밤에 거의 못 잤습니다.

ゆうべほとんど眠れませんでした。
유-베호똔도네무레마센데시따

■ 온 몸이 아픕니다.

からだじゅうがいたいんです。
카라다쥬-가이따인데스

からだじゅう 온 몸

335

긴급상황

○ 이비인후과

■ 목이 따끔거립니다.
喉が痛いです。
노도가이따이데스

■ 목이 부었습니다.
喉が腫れています。
노도가하레떼이마스

■ 목에 뭔가 걸린 것 같습니다.
喉に何かひっかかっているようです。
노도니나니까힉까깟떼이루요-데스

■ 콧물이 나옵니다.
鼻水が出ます。
하나미즈가데마스

· 鼻水 콧물   · 涙 눈물

■ 코가 막혀서 잘 수 없을 정도입니다.
鼻が詰まって眠れないくらいです。
하나가츠맛떼네무레나이쿠라이데스

■ 코를 너무 풀어서 쓰라립니다.
鼻をかみすぎて、ひりひりして痛いです。
하나오카미스기떼 히리히리시떼이따이데스

■ 귀가 쑤시고 아픕니다.

耳がうずいて痛みます。

미미가우즈이떼이따미마스

■ 귀에 뭔가 들어 간 것 같습니다.

耳に何か入ったようです。

미미니나니까하잇따요-데스

● 치과

■ 이가 아픕니다.

歯が痛いんです。

하가이따인데스

■ 치통이 심합니다.

歯痛がひどいんです。

하이따가히도인데스

■ 이가 하나 이상합니다.

歯が一本おかしいのです。

하가입뽕오까시-노데스

■ 이가 하나 흔들거립니다.

歯が一本ぐらぐらしています。

하가입뽕구라구라시떼이마스

긴급상황

■ 단 것을 먹으면 아픕니다.

甘いものを食べると痛みます。

아마이모노오타베루또이따미마스

~と ~면　冷たい物を食べると痛みます。 찬 음식을 먹으면 아픕니다.

■ 찬 음식을 먹으면 이가 시큰거립니다.

冷たい物を食べると歯がずきずきします。

츠메따이모노오타베루또하가즈끼즈끼시마스

■ 음식을 잘 씹을 수가 없습니다.

よく噛めません。

요꾸카메마셍

■ 이를 빼고 싶습니다.

歯を抜きたいんです。

하오누끼따인데스

歯を抜く 이를 빼다.

■ 될 수 있으면 이를 빼지 않았으면 합니다.

できれば抜歯は避けたいんですが。

데끼레바밧시와사께따인데스가

■ 이를 닦을 때 잇몸에서 피가 납니다.

歯を磨く時、歯茎から血が出ます。

하오미가구도끼 하구끼까라치가데마스

■ 치석이 많이 끼여 있습니다.
歯石がたくさんついています。
시세끼가탁상츠이떼이마스

歯石がつく 치석이 끼다.

● 안과

■ 눈이 가렵습니다.
目がかゆいです。
메가카유이데스

■ 눈에 뭔가가 들어간 것 같습니다.
目に何か入ったような気がします。
메니나니가하이따요-나키가시마스

■ 계속 눈물이 납니다.
涙っぽいんです。
나미닷뽀인데스

■ 눈이 침침합니다.
目がかすんで見えます。
메가카슨데미에마스

■ 눈이 피로해서 뻑뻑합니다.
目が疲れてしょぼしょぼします。
메가츠까레떼쇼보쇼보시마스

긴급상황

- 눈 주위가 따끔거립니다.

  目の周りがちかちかします。
  메노마와리가치까찌까시마스

- 다른 사람에게 옮습니까?

  人に移りますか。
  히또니우쯔리마스까

- 시력이 떨어진 것 같습니다.

  視力が落ちたようです。
  시료꾸가오찌따요-데스

- 시야가 침침합니다.

  視野がかすみます。
  시야가카스미마스

- 안경을 쓰면 머리가 아픕니다.

  眼鏡をかけると頭が痛いんです。
  메가네가카께루또아따마가이따인데스

● 피부과

- 온몸이 가렵습니다.

  体中がかゆいです。
  카라다쥬-가카유이데스

- 종기가 생겼습니다.

  おできができました。
  오데끼가데끼마시따

  おできができる 종기가 생기다.

Section 12

■ 습진이 생겼습니다.

湿疹ができました。
싯싱가데끼마시따

■ 손에 습진이 심합니다.

手の湿疹がひどいのです。
테노싯싱가히도이노데스

■ 땀띠가 심합니다.

あせもがひどいんです。
아세모가히도인데스

あせも 땀띠 あせもができる 땀띠가 나다.

■ 알레르기입니다.

アレルギ―です。
아레루기-데스

■ 두드러기가 심합니다.

蕁麻疹がひどいのです。
짐마싱가히도이노데스

蕁麻疹 두드러기 *발음에 유의하세요.

■ 가려움이 가시지 않습니다.

かゆみが止りません。
카유미가토마리마셍

■ 여드름이 심합니다.

にきびがひどいんです。
니끼비가히도인데스

긴급상황

● 산부인과

■ 생리통이 심합니다.

生理痛がひどいです。
세-리쯔-가히도이데스

・生理痛 생리통   ・頭痛 두통   ・歯痛 치통

■ 분비물이 많습니다.

おりものの量が多いです。
오리모노노료-가오-이데스

■ 생리가 있다가 없다가 합니다.

生理があったりなかったりします。
세-리가앗따리나깟따리시마스

~たり ~たりする ~하기도 하고 ~하기도 한다.
行ったり来たりします 왔다 갔다 합니다.

■ 출혈이 있습니다.

出血があります。
슉께쯔가아리마스

■ 음부에 염증이 생겼습니다.

陰部に炎症を起こしています。
임부니엔쇼-오오꼬시떼이마스

Section 12

- 입덧이 심합니다.

つわりがひどいんです。
츠와리가히도인데스

- 임신했는지 알고 싶습니다.

妊娠しているのか知りたいんです。
닌신시떼이루노까시리따인데스

- 임신한 게 아닐까요?

妊娠したのではないでしょうか。
닌신시따노데와나이데쇼-까

- 아이를 갖고 싶은데 안됩니다.

子供がほしいのにできません。
코도모가호시-노니데끼마셍

- 인공수정을 하고 싶은데요.

人工受精をしたいんですが。
닝꼬-쥬세-오시따인데스가

● 처방

처방전이 없으면 약을 살 수가 없습니다. 그러니 처방전 챙기는 것은 필수겠죠!!

- 어디가 안 좋습니까?

どこがわるいのでしょうか。
도꼬가와루이노데쇼-까

긴급상황

- 원인이 뭡니까?

  原因はなんですか。
  げんいん

  겡잉와난데스까

- 금방 나을까요?

  すぐに治りますか。
  なお

  스구니나오리마스까

- 상태가 심각합니까?

  深刻な状態ですか。
  しんこく じょうたい

  싱꼬꾸나죠-따이데스까

- 회복하려면 얼마나 걸립니까?

  回復するまでどのくらいかかりますか。
  かいふく

  카이후꾸스루마데도노쿠라이카까리마스까

- 입원해야 합니까?

  入院しなければなりませんか。
  にゅういん

  뉴-인시나께레바나리마셍까

  ~なければなりません ~하지 않으면 안 된다.
  入院しなければなりません。 입원하지 않으면 안 된다.
  にゅういん

- 수술을 해야 합니까?

  手術が必要ですか。
  しゅじゅつ ひつよう

  슈쥬쯔가히쯔요-데스까

- 걱정마세요.

  心配ないですよ。
  しんぱい

  심빠이나이데스요

344

Section 12

■ 안정을 취해야 합니다.

安静にしていなくてはなりません。

안세-니시떼이나꾸떼와나리마셍

■ 이 처방전을 약국에 가져 가세요.

この処方箋を持って薬局に行ってください。

코노쇼호-셍오못떼약꾜꾸니잇떼구다사이

薬局 / 薬屋 약국

약국

약을 먹다라는 표현은 일본어로 薬を飲む입니다. 食べる가 아닌 것에 유의해 주세요.

■ 이 처방대로 조제해 주세요.

この処方を調合してください。

코노쇼호-오쵸-고-시떼구다사이

■ 감기약도 처방전이 필요합니까?

風邪薬も処方箋が必要ですか。

카제구스리모쇼호-셍가히쯔요-데스까

· 風邪薬 감기약   · 解熱剤 해열제   · 消化剤 소화제

■ 감기약 주세요.

風邪薬をください。

카제구스리오구다사이

긴급상황

- 진통제를 주시겠습니까?

痛み止をもらえますか。
이따미도메오모라에마스까

- 이 약은 부작용은 없습니까?

これは副作用はありませんか。
코레와후꾸사요-와아리마셍까

作用(○) さくよう(×)

- 효과가 좋습니까?

よくききますか。
요꾸키끼마스까

- 그 약을 먹으면 좋아질 겁니다.

この薬を飲めばよくなるでしょう。
코노쿠스리오노메바요꾸나루데쇼-

- 이 약은 언제 몇 번 먹습니까?

この薬はいつ、何回飲みますか。
코노쿠스리와이쯔 낭까이노미마스까

- 하루에 세 번 식후에 드세요.

一日に三回食後に飲んでください。
이찌니찌니상까이쇼꾸고니논데구다사이

・一日に三回 하루에 세 번 ・一日に何回 하루에 몇 번

- 처방없이 약을 살 수 있을까요?

処方なしで薬を買えるでしょうか。
쇼호-나시데쿠스리오카에루데쇼-까

긴급상황

05 지진, 화재

일본은 지진이 자주 발생하는 나라입니다. 이럴 때는 당황하지 말고 높은 곳으로 이동하거나 책상 밑이나 탁자 아래로 몸을 숨겨야 합니다. 텔레비전 같은데서 많이 보셨죠! 여행 전에 이런 상황에서는 어떻게 대처해야 하는 지 한 번쯤 살펴두면 더욱 좋겠습니다. 화재 시에는 안내원의 지시에 따라 신속하게 대피하세요.

지진,화재

- 지진이다!

  地震だ!

  지신다

- 오늘 진도 3의 지진이 있었습니다.

  今日震度3の地震がありました。

  쿄-신도산노지싱가아리마시따

- 모두 대피해야 합니다.

  みんな待避しなければなりません。

  민나타이히시나께레바나리마셍

- 빨리 대피해 주십시오.

  はやく避難してください。

  하야꾸히난시떼구다사이

- 전원 무사히 피했습니다.

  全員無事に逃れました。

  젱잉무지니노가레마시따

긴급상황

■ 불이야!

火事だ!
카지다

■ 백화점이 불타고 있습니다.

デパートが燃えているんです。
데빠-또가모에떼이룬데스

火事が起る 불이 나다.

■ 지하실로 가는 편이 안전합니다.

地下室にいたほうが安全です。
치까시쯔니이따호-가안젠데스

■ 침착하시기 바랍니다.

落ち着いてください。
오찌쯔이떼구다사이

落ち着く 침착하다.

■ 화재는 아직 진압되지 않았습니다.

火事はまだ鎮火していません。
카지와마다칭까시떼이마셍

13

직장생활

요즘같이 취직하기가 하늘에 별따기라면 구직자 입장은 지푸라기라도 쥐고 싶은 심정일 것입니다. 지금까지 열심히 준비한 만큼 자신의 장점을 최대로 어필해 보세요. 그리고 무엇보다 중요한 것은 자기 혼자 잘난 인재보다는 조직에 녹아들 수 있는 참신한 사람이 기업에 더 필요하다는 사실을 잊지 마세요. 거기에 여러분의 아이디어가 더해진다면 우리 기업의 미래는 보장되는 거 아니겠습니까!?

직장생활

01 구직

힘들지만 끝까지 포기하지 말고 도전해 보세요.

💬 구직

- 일자리를 찾고 있는데요.

  仕事を探しているのですが。
  시고또오사가시떼이루노데스가

- 이력서를 내주세요.

  履歴書を提出してください。
  리레끼쇼오테-슈쯔시떼구다사이

- 이 신청서를 작성해 주시겠습니까?

  この申込書を書いていただけますか。
  코노모-시꼬미쇼오카이떼이다다께마스까

- 그 자리는 아직도 비어 있습니까?

  そのポストはまだ空いたままですか。
  소노포스또와마다아이따마마데스까

Section 13

■ 예, 아직도 비어 있습니다.

はい、まだ空いたままです。
하이 마다아이따마마데스

~たまま ~한 채
まだ空いたままです。 아직 빈 채입니다. 아직 비어 있습니다.

■ 자리가 나면 연락해 주세요.

ポストが空けば連絡してください。
포스또가아께바렌라꾸시떼구다사이

■ 자리가 나는 대로 연락 드리겠습니다.

ポストが空き次第にご連絡します。
포스또가아끼시다이니고렌라꾸시마스

■ 이미 다른 사람이 채용되었습니다.

すでに別の人が採用されました。
스데니베쯔노히또가사이요-사레마시따

■ 일자리를 찾기가 쉽지 않습니다.

仕事を探すのは簡単じゃないんです。
시고또오사가스노와칸딴쟈나인데스

직장생활

02 면접

이제는 더 이상 책상 앞에 앉아 공부만 한 사람은 원하지 않습니다. 자신만의 이력을 쌓아야겠죠. 면접시에는 너무 당황해 준비해 간 것들을 미처 보여주지도 못하고 나오는 경우도 생기기 마련입니다. 미리 상황을 예측, 자신 있고 조리 있게 답변하는 연습이 필요하겠습니다.

🗨 질문

■ 왜 여기서 일하고 싶다고 생각하십니까?

どうしてここで働きたいと思いましたか。
도-시떼코꼬데하따라끼따이또오모이마시따까

■ 왜 이 일에 관심을 갖게 되었습니까?

どうしてこの仕事に関心を持つようになりましたか。
도-시데코노시고또니칸싱오모쯔요-니나리마시따까

関心を持つ 관심을 갖다.

■ 어느 학교를 졸업하셨습니까?

どちらの学校を卒業なさいましたか。
도찌라노각꼬-오소쯔교-나사이마시따까

■ 어떤 경력을 가지고 계십니까?

どのような経歴をお持ちですか。
도노요-나케-레끼오오모찌데스까

· 経歴 경력 · 履歴 이력

■ 전공은 무엇입니까?

ご専門は何ですか。
고셈몬와난데스까

■ 성적은 어땠습니까?

成績はどうでしたか。
세-세끼와도-데시따까

■ 나이는 어떻게 되십니까?

おいくつですか。
오이꾸쯔데스까

■ 가족관계에 대해서 말씀해 주시겠습니까?

家族構成について話していただけますか。
카조꾸코-세-니츠이떼하나시떼이따다께마스까

■ 외국에 가 본 적이 있습니까?

外国に行ったことがありますか。
가이꼬꾸니잇따고또가아리마스까

■ 학생시절에 클럽활동을 했습니까?

学生時代にクラブ活動をやりましたか。
각세-지다이니쿠라부카쯔도-오야리마시따까

学生時代 학생시절

직장생활

■ 결혼해도 이 일을 계속하시겠습니까?

結婚してからもこの仕事を続けるつもりですか。
켁꼰시떼까라모코노시고또오츠즈께루츠모리데스까

~つもりだ ~할 생각이다.

この仕事を続けるつもりです。 이 일을 계속할 생각입니다.

就職するつもりです。 취직할 생각입니다.

■ 어떤 일을 하고 싶습니까?

どんな仕事がしたいですか。
돈나시고또가시따이데스까

■ 잘하는 외국어는 있습니까?

得意な外国語はありますか。
토꾸이나가이꼬꾸고와아리마스까

得意な 잘하는 ↔ 下手な 서툰

■ 컴퓨터는 어떻습니까?

パソコンはどうですか。
파소꼰와도-데스까

■ 경험자를 필요로 하는데요.

経験者を必要としています。
케-껜샤오히쯔요-또시떼이마스

· 経験者 경험자 · 素人 초심자 · 玄人 전문가

Section 13

■ 급여는 얼마나 생각하고 계십니까?

給料はいくらを考えていますか。

큐-료-와이꾸라오캉가에떼이마스까

・給料 급여 ・年収 연봉

답변

■ 장래성 있는 회사라고 생각했기 때문입니다.

将来性のある会社だと思ったからです。

쇼-라이세-노아루카이샤다또오못따까라데스

■ 아르바이트 경험을 통해서 관심을 갖게 되었습니다.

アルバイトの経験から関心を持つようになりました。

아루바이또노케-껭까라칸싱오모쯔요-니나리마시따

~ようになる ~하게 되다.

関心を持つようになる。 관심을 갖게 되다.

■ 이 회사에서 저의 능력을 발휘해 보고 싶습니다.

この会社で自分の力を発揮したいと思います。

코노카이샤데지분노치까라오학끼시따이또오모이마스

■ 업계에서 정상을 유지하고 있는 회사라고 생각했기 때문입니다.

業界でトップを維持している会社だと思ったからです。

교-까이데톱뿌오이지시떼이루카이샤다또오못따까라데스

직장생활

■ 서울대학을 졸업했습니다.

ソウル大学を卒業しました。
소우루다이가꾸오소쯔교-시마시따

■ 문학입니다.

文学です。
붕가꾸데스

・法律 법률   ・機械工学 기계공학   ・経済学 경제학

■ 성적은 비교적 좋았습니다.

成績はわりとよかったです。
세-세끼와와리또요갓따데스

■ 그다지 좋지 않았습니다.

それほどよくありませんでした。
소레호도요꾸아리마센데시따

■ 그저 그랬습니다.

まあまあでした。
마-마-데시따

■ 예, 클럽활동을 했었습니다.

はい、クラブ活動をやっていました。
하이 쿠라부카쯔도-오얏떼이마시따

■ 아니오, 아무것도 하지 않았습니다.

いいえ、何もやっていませんでした。
이-에 나니모얏떼이마센데시따

■ 회사와 함께 성장해 갈 수 있었으면 합니다.
会社とともに成長して行けたらと思います。
카이샤또모니세-쬬-시떼이께따라또오모이마스

■ 영어로 의사소통 하는 데 문제없습니다.
英語でのコミュニケーションに問題ありません。
에-고데노코뮤니께-숀니몬다이아리마셍

■ 문서나 표 작성, 인터넷은 자신이 있습니다.
文書や表の作成、インターネットには自信があります。
분쇼야효-노삭세- 인따-넷또니와지싱가아리마스

■ ~엔 정도면 좋겠습니다.
~円ほどであればと思います。
~엔호도데아레바또오모이마스

직장생활

03 아르바이트

아르바이트라고 해서 소홀히 할 순 없죠. 사회로 나가는 첫 관문이기도 하니 열심히 하되, 시간당 급료, 근무 조건 등은 꼼꼼히 체크하도록 합니다.

● 아르바이트

■ 아르바이트 경험은 있습니까?

バイトの経験はありますか。

바이또노케-껭와아리마스까

バイト 아르바이트, アルバイト의 준말입니다.

■ 힘들어도 급료가 좋은 곳이 좋습니다.

大変でも、給料がいいところがいいです。

타이헨데모 큐-료-가이-도꼬로가이-데스

・給料 급료   ・時給 시급

■ 저는 급료가 싸도 편한 게 좋습니다.

わたしは給料は安くても楽な方がいいです。

와따시와큐-료-와야스꾸떼모라꾸나호-가이-데스

■ 시간은 몇 시부터 가능합니까?

時間は何時から可能ですか。

지깐와난지까라카노-데스까

Section 13

■ 하루 몇 시간씩 할 수 있습니까?

一日何時間できますか。
이찌니찌난지깐데끼마스까

■ 힘쓰는 일을 하게 됩니다.

力仕事をしてもらいます。
치까라고또오시떼모라이마스

■ 간단한 일을 하게 됩니다.

簡単な仕事をしてもらいます。
칸딴나시고또오시떼모라이마스

· 簡単な仕事 간단한 일 · 楽な仕事 편한 일

■ 교통비는 나옵니까?

交通費は出ますか。
코-쯔-히와데마스까

■ 내일부터 가능합니까?

あしたから可能ですか。
아시따까라카노-데스까

■ 식대와 교통비도 전액 지급됩니다.

食事と交通費も全額出ます。
쇼꾸지또코-쯔-히모젱가꾸데마스

· 食事 식대 · 交通費 교통비 · ユニフォーム 유니폼

회화 표현에 필요한 기초 문형

- **あまり ~です。** 너무 ~(합)니다.

  例 ここはあまりきれいです。 여기는 너무 깨끗합니다.

- **~が わかりますか。** ~을(를) 알겠습니까?

  例 私の説明がわかりますか。 제 설명을 알겠습니까?

- **~ましょう。** ~합시다.

  例 あしたここで会いましょうか。 내일 여기서 만날까요?

- **~や ~などが あります。** ~나 ~ 따위가 있습니다.

  例 テーブルの上にはノートや鉛筆などがあります。
  테이블 위에 노트나 연필 따위가 있습니다.

- **~たり ~たりします。** ~하거나 ~하기도 합니다.

  例 日曜日は音樂を聞いたりテレビを見たりします。
  일요일에는 음악을 듣거나 텔레비전을 보기도 합니다.

- **~たり ~たりしてはいけません。** ~하거나 ~해서는 안 됩니다.

  例 料理は塩辛かったり辛かったりしてはいけません。
  요리는 짜거나 매워서는 안 됩니다.

- **~の ほうは いかがですか。** ~쪽은 어떠십니까?

  例 勉強のほうはいかがですか。 공부는 어떠십니까?

14

비즈니스

일본인과의 대화는 아직 일상생활에서도 만족스럽지가 못한데 비즈니스 관계라면 더욱 어렵고 조심스럽기 마련입니다. 더군다나 일본인들이 명쾌하게 답변을 하지도 않는지라 그네들의 속마음까지 파악하며 일을 해내기란 결코 쉬운 일이 아니죠. 자칫 잘못 이해를 하고 기대하다 나중에 낭패를 보는 경우도 많기 때문입니다. 지나치게 화려한 복장보다는 일반적인 단정한 옷차림이 좋으며 일에서 만큼은 철저한 준비와 신뢰감을 심어줄 수 있는 것이 중요하다고 하겠습니다. 그럼 언어 실력부터 빨리 키워야겠죠!!

비즈니스

01 회사 방문

시간 약속은 철저히 지키도록 하고 안내 데스크에서 담당자와의 면담을 신청하면 됩니다.

● 회사 방문

■ 안내해 드리겠습니다. 이쪽으로 오십시오.

ご案内いたします。 どうぞこちらへ。
고안나이이따시마스 도-조코찌라에

どうぞこちらへ。 상대방을 자리로 안내할 때 쓰이는 표현입니다.
방문할 때도 쓰이던 말이었죠.

■ 어서 오십시오.

いらっしゃいませ。
이랏샤이마세

■ 약속하셨습니까?

お約束でしょうか。
고약소꾸데쇼-까

■ 성함이 어떻게 되십니까?

お名前はなんとおっしゃるのでしょうか。
오나마에와난또옷샤루노데쇼-까

Section 14

■ 어느 분을 찾으십니까?

だれをお呼びいたしましょうか。
다레오오요비이따시마쇼-까

■ 9시에 약속이 되어 있는데요.

9時にお約束しているんですが。
쿠지니오약소꾸시떼이룬데스가

■ 무엇을 도와 드릴까요?

どんなご用でしょうか。
돈나고요-데쇼-까

■ 알겠습니다. 잠시 기다려 주십시오.

わかりました。少々お待ちくださいませ。
와까리마시따 쇼-쇼-오마찌구다사이마세

■ 알겠습니다. 오셨다고 전하겠습니다.

かしこまりました。
카시꼬마리마시따

おいでになったことを連絡します。
오이데니낫따고또오렌라꾸시마스

おいでになる : くる의 높임말. 오시다의 뜻.

■ 곧 오실 겁니다.

すぐまいります。
스구마이리마스

まいる : くる의 겸양어.

비즈니스

■ 기다리시게 해 죄송합니다.

お待たせいたしました。
오마따세이따시마시따

■ 이렇게 와 주셔서 감사합니다.

わざわざおいでくださってどうも。
와자와자오이데구다삿떼도-모

비즈니스

02 회사 소개

자기 회사를 소개할 때는 상대방에게 좋은 인상과 신뢰를 남길 수 있도록 노력해야 합니다. 복장 상태는 물론 회사를 소개하는 자료, 기획서, 샘플 등 할 수 있는 준비는 모두 완벽하게 해 놓아야 하며 일본인들의 성격과 문화에 대해서도 미리 파악해 보는 것도 도움이 되겠습니다. 일본인들과 거래할 때는 대충대충 하지 말고 세심한 부분까지 신경 써야 한다는 점 잊지 마세요. 명함도 넉넉하게 준비하시고요.

● 회사 소개

■ ~씨를 소개합니다. 그는 이 공장의 책임자입니다.

~さんを ご紹介します。 彼は この工場の責任者をしております。

~상오 고쇼-까이시마스 카레와 코노코-죠-노세끼닌샤오시떼오리마스

■ 김과장님을 소개해 드리겠습니다.

金課長を ご紹介いたしましょう。

키무카쬬-오고쇼-까이이따시마쇼-

■ 저는 이 공장의 책임자입니다.

私はこの工場の責任者をしております。

와따시와코-죠-노세끼닌샤오시떼오리마스

■ 명함입니다. 받으십시오.

私の名刺です、どうぞ。

와따시노메-시데스 도-조

■ 제 명함을 드리겠습니다.

私の名刺を差し上げます。

와따시노메-시오사시아게마스

비즈니스

- 우리 회사의 재무 보고서입니다.

  # 私どもの財務報告書です。
  와따시도모노자이무호-꼬꾸쇼데스

  私ども : 자기 회사를 나타내는 말입니다. わがしゃ, 弊社 라는 표현도 있습니다.

  상대방 회사는 보통 貴社라고 합니다.

- 창업년도는 언제입니까?

  # 創業はいつですか。
  소-교-와이쯔데스까

- 창립한 지 몇 년이 됩니까?

  # 創立何年になりますか。
  소-리쯔난넨니나리마스까

- 본사는 어디입니까?

  # 本社はどちらですか。
  혼샤와도찌라데스까

  本社 본사 ↔ 支社 지사

- 경영 상태는 어떻습니까?

  # 経営状態はいかがですか。
  케-에-죠-따이와이까가데스까

Section 14

■ 주력 상품은 무엇입니까?

主力商品はなんですか。

슈료꾸쇼-힌와난데스까

主力商品 주력 상품

最新の製品 최신 제품

■ 여기가 저희 회사의 전시장입니다.

ここがわが社のショールームです。

코꼬가와가샤노쇼-루-무데스

■ 생산고는 어느 정도입니까?

生産高はどのくらいですか。

세-산다까와도노구라이데스까

· 生産高 생산고 · 売れ行き 팔림새

■ 자회사에는 어떤 회사가 있습니까?

子会社にはどんな会社がありますか。

코가이샤니와돈나카이샤가아리마스까

■ 불량률은 1% 이하입니다.

不良品率は1%以下になっております。

후료-힌리쯔와이빠-센또 이까니낫떼오리마스

■ 작년 매상이 10퍼센트 증가했습니다.

昨年の 売り上げは 10パーセント ふえました。

사꾸넨노우리아게와쥿빠-센또후에마시따

売り上げ 매상

비즈니스

■ 우리 회사는 ~을 전문으로 하고 있습니다.

私どもは ~を専門におこなっております。

와따시도모와~오셈몬니오꼬낫떼오리마스

■ 저희 회사 최신 제품입니다.

わが社の最新型の製品です。

와가샤노사이싱가따노세-힌데스

■ 품질 향상에 항상 최선을 다하고 있습니다.

品質向上にはいつも気をつけております。

힌시쯔꼬-죠-니와이쯔모키오츠께떼오리마스

気をつける 주의를 기울이다, 최선을 다하다.

■ 품질 관리에는 자신이 있습니다

品質管理には自信を持っています。

힌시쯔깐리니와지싱오못떼이마스

■ 최신 설비를 자랑하고 있습니다.

最新の設備を誇っています。

사이신노세쯔비오호꼿떼이마스

~を誇っています。 ~을(를) 자랑하고 있습니다.

設備を誇っています。 설비를 자랑하고 있습니다.

技術力を誇っています。 기술력을 자랑하고 있습니다.

■ 최근 해외에 지점을 개설했습니다.

最近海外に支店を出しました。

사이낑카이가이니시뗌오다시마시따

Section 14

■ 종업원은 약 5000명입니다.

従業員は約5000名おります。

쥬-교-잉와야꾸고셈메-오리마스

■ 저희 회사는 최신 기술력을 자랑하고 있습니다.

当社は最新の技術力を誇っています。

토-샤와사이신노기쥬쯔료꾸오호꼿떼이마스

비즈니스

03 상담

상담 과정은 서로의 의견을 맞추기 위해 수많은 토의 과정을 거쳐야 하는 힘든 시간입니다. 상품에 대한 확실한 정보를 제시하고, 조건 등을 잘 조율하여야 하며 무엇보다 상대의 신뢰를 얻을 수 있도록 노력해야겠습니다.

この製品をお勧めします。 (이 제품을 권합니다.)

● 상담

■ 귀사의 제품에 관심이 있습니다.

貴社の製品について関心があります。

키샤노세-힌니츠이떼칸싱가아리마스

~について ~에 관해(대해)

製品について研究する。 제품에 대해 공부한다.

~に対して ~에 대해, ~에 비해의 뜻으로 앞뒤가 대치 상황에 있을 때 쓰입니다.

■ 신제품 개발 상황은 어떻습니까?

新製品の開発状況はどうですか。

신세-힌노카이하쯔죠-꾜-와도-데스까

■ 아직 개발중입니다.

まだ開発中です。

마다카이하쯔쮸-데스

■ 새로운 제품의 카탈로그입니다.

新しい製品のカタログです。

아따라시-세-힌노카따로구데스

Section 14

■ 최신 개발 제품입니다.

最新の開発製品です。
사이신노카이하쯔세-힌데스

■ 먼저 이것은 우리 회사의 팸플렛입니다.

まずはこれはわが社のパンフレットです。
마즈와코레와와가샤노팜후렛또데스

■ 샘플을 보여 주십시오.

サンプルを見せてください。
삼뿌루오미세떼구다사이

■ 샘플은 무료로 드리겠습니다.

サンプルは無料で差し上げます。
삼뿌루와무료-데사시아게마스

■ 아직 보여 드릴 수가 없습니다.

まだお見せすることができません。
마다미세스루고또가데끼마셍

■ 이 제품은 특허를 획득했습니다.

この製品は特許を獲得しました。
코노세-힌와톳꾜오카꾸또꾸시마시따

■ 샘플을 보고 나서 정합시다.

サンプルを見てから決めましょう。
삼뿌루오미떼까라키메마쇼-

~てから ~하고 나서. 食事をしてから勉強をします。 식사를 하고 나서 공부를 합니다.

비즈니스

■ 자신 있게 이 제품을 권합니다.

自信を持ってこの製品をお勧めします。

지싱오못떼코노세힝오오스스메시마스

■ 여러 가지 디자인을 갖추고 있습니다.

いろいろなデザインを 取りそろえています。

이로이로나데자잉오토리소로에떼이마스

■ 이 제품은 내구성이 뛰어납니다.

この 製品は耐久性にすぐれています。

코노세-힌와타이뀨-세-니스구레떼이마스

~にすぐれています。 단순한 상태를 나타내며 항상 ~ている의 형태로 쓰입니다.

그러한 동사에는 すぐれる 이외에 似る(닮다)가 있습니다.

■ 우리 제품은 시장에서 매우 인기가 있습니다.

私どもの製品は市場でたいへん人気があります。

와따시도모노세-힌와시죠-데타이헹닝끼가아리마스

■ 다른 것보다도 약간 비싸군요.

ほかのよりも 少したかいですね。

호까노요리모스꼬시타까이데스네

■ 가격, 품질, 모두 경쟁력이 있습니다.

価格、品質ともに競争に耐えられます。

카까꾸 힌시쯔또모니쿄-소-니타에라레마스

Section 14

■ 아주 사용하기 쉽습니다.

使いやすいという特長があります。
츠까이야스이또유-토꾸쬬-가아리마스

· ~やすい ~하기 쉽다   · 使いやすい 사용하기 쉽다   · 読みやすい 읽기 쉽다

■ 이 제품을 권합니다.

この製品をお勧めします。
코노세-힝오오스스메시마스

■ 이 브랜드가 잘 팔립니다.

このブランドがよく売れています。
코노부란도가요꾸우레떼이마스

■ 꼭 마음에 드실 겁니다.

きっと気に入ってくださると思います。
킷또키니잇떼구다사루또오모이마스

■ 상품구색이 풍부하군요.

品揃えが豊富ですね。
시나소로에가호-후데스네

· 品揃え 상품구색   · デザイン 디자인

■ 카탈로그를 보여 주십시오.

カタログを見せてください。
카따로구오미세떼구다사이

비즈니스

■ 지금 있는 것은 이것뿐입니다.

いまあるのはこれだけです。
이마아루노와코레다께데스

■ 검토하겠습니다.

検討します。
켄또-시마스

■ 이것은 실물과 같은 크기입니까?

これは実物と同じ大きさですか。
코레와지쯔부쯔또오나지오-끼사데스까

· 大きさ 크기 · 高さ 높이 · 広さ 넓이

■ 이 디자인은 수수하군요.

このデザインは地味ですね。
코노데자인와지미데스네

地味 수수함 ↔ 派手 화려함

■ 이것은 너무 눈에 띄지 않습니까?

これは目立ちすぎませんか。
코레와메다찌스기마셍까

目立つ 눈에 띄다.

■ 실물과 같은 크기입니다.

実物と同じ大きさです。
지쯔부쯔또오나지오-끼사데스

Section 14

- 실물은 좀 더 큽니다.

実物はもう少し大きいです。

지쯔부쯔와모-스꼬시오-끼-데스

- 실물은 좀 더 작습니다.

実物はもう少し小さいです。

지즈부쯔와모-스꼬시치-사이데스

- 견본을 가져 가면 안 됩니까?

見本を持ち帰ることはできませんか。

미홍오모찌까에루고또와데끼마셍까

- 저희 회사로 견본을 보내 주십시오.

私どもにサンプルをお送りください。

와따시도모니삼뿌루오오오꾸리구다사이

- 미국과 유럽에 수출하고 있습니다.

アメリカとヨーロッパに輸出しています。

아메리까또요-롭빠니유슈쯔시떼이마스

輸出 수출 ↔ 輸入 수입

- 이 제품은 디자인이 뛰어납니다.

この製品はデザインがすぐれています。

코노세-힌와데자잉가스구레떼이마스

- 가장 좋아하시는 제품입니다.

一番喜ばれている製品です。

이찌방요로꼬바레떼이루세-힌데스

비즈니스

04 가격 논의

비즈니스 관계에서 의견 맞추기가 힘든 과정 중의 하나가 가격을 정하는 시간이겠죠. 무작정 값을 깎는다고 능사는 아니고 적당한 조건과 함께 가격을 정하고 타협해야겠습니다.

高すぎますね。(너무 비싸군요.)

● 가격 논의

■ 가격은 얼마나 됩니까?

価格はいくらになりますか。

카카꾸와이꾸라니나리마스까

■ 대강의 견적을 내어 주십시오.

だいたいのみつもりを出してください。

다이따이노미쯔모리오다시떼구다사이

みつもりを出す 견적을 내다.

■ 예상하던 단가보다 조금 비싸군요.

予想していた単価より 少し高いですね。

요소-시떼이따탕까요리스꼬시타까이데스네

■ 되도록 빨리 견적을 내어 주십시오.

できるだけ早く見積りを出してください。

데끼루다께하야꾸미쯔모리오다시떼구다사이

■ 디스카운트는 안 됩니까?

ディスカウントはできませんか。

디스까운또와데끼마셍까

Section 14

■ 다시 생각해 주시지 않겠습니까?

もう一度考え直していただけませんか。

모-이찌도캉가에나오시떼이따다께마셍까

考え直す 다시 생각하다.

■ 너무 비싸군요.

高すぎますね。

타까스기마스네

■ 가격에 차이가 있군요.

値段に開きがありますね。

네단니히라끼가아리마스네

開き 차이, 격차

■ 적당한 가격이라고 생각합니다만

お手頃な値段だと思いますが。

오떼고로나네단다또오모이마스가

■ 저희가 예상하던 가격보다 비싸군요.

こちらが予想していた価格よりたかいですね。

코찌라가요소-시떼이따까까꾸요리타까이데스네

■ 이 제품은 어째서 쌉니까?

この製品はどうして安いのですか。

코노세-힌와도-시떼야스이노데스까

비즈니스

■ 좀 더 어떻게 안 되겠습니까?

もう少しなんとかなりませんか。
모-스꼬시난또까나리마셍까

■ 아니오, 그렇지도 않습니다.

いいえ、そうでもありません。
이-에 소-데모아리마셍

そうでもありません。 그렇지도 않습니다.
そうもない。　　　～것 같지도 않다.
そうでない。　　　～것 같지 않다.

■ 세금이 포함된 것입니까?

税込みの価格ですか。
제-꼬미노카까꾸데스까

■ 아니오, 세금은 따로 되어 있습니다.

いいえ、税金は別になっています。
이-에 제-낀와베쯔니낫떼이마스

■ 값이 싸면 좀 더 사고 싶습니다.

値段が安ければもう少し買いたいんです。
네당가야스께레바모-스꼬시카이따인데스

■ 1톤당 얼마입니까?

1トン当たりいくらですか。
잇똥아따리이꾸라데스까

~当たり ~당

1ドル当たりいくらですか。 1달러당 얼마입니까?

Section 14

■ 세트당 200만엔입니다.

セット当たり200万円です。

셋또아따리니햐꾸망엔데스

■ 어느 정도까지 가격 인하가 가능합니까?

どのぐらいまでなら値引きできるでしょうか。

도노구라이마데나라네비끼데끼루데쇼-까

・値引き 가격 인하 ・割引 할인

■ 한 번 더 검토해 주시지 않겠습니까?

もう一度 検討していただけませんか。

모-이찌도켄또-시떼이다다께마셍까

■ 이미 원가로 팔고 있습니다.

すでに原価でお売りしているんです。

스데니겐까데오우리시떼이룬데스

■ 현금으로 지불할 경우 할인해 줄 수 있습니까?

現金で支払った場合、割引していただけますか。

겡낀데시하랏따바아이 와리비끼시떼이따다께마스까

■ 가격은 이 선에서 마무리 지어 주십시오.

価格はこの線でまとめてください。

카까꾸와코노센데마또메떼구다사이

■ 희망하시는 가격은 얼마나 됩니까?

ご希望の価格はいくらになりますか。

고끼보-노카까꾸와이꾸라니나리마스까

비즈니스

- 수수료 포함입니까?

手数料込みですか。

테스-료-꼬미데스까

- 바겐세일을 하고 있습니다.

バーゲンセールをしています。

바-겐세-루오시떼이마스

- 이 이상은 채산이 맞지 않습니다.

これ以上は採算割れですよ。

코레이죠-와사이상와레데스요

- 10% 할인해 드리지요.

10%割引しましょう。

즛빠센또와리비끼시마쇼-

- 대량으로 주문하시면 좀 더 할인이 가능합니다.

大量にご注文くだされば、もっと割引できると思います。

다이료-니고쮸-몽구다사레바 못또와리비끼데끼루또오모이마스

- 이번 달에 계약하시면 할인해 드리겠습니다.

今月契約いただけるのなら引かせてもらいます。

콩게쯔케-야꾸이따다께루노나라히까세떼모라이마스

引く / まける / べんきょうする 깎다

Section 14

■ 비싸다고 생각하십니까?

高いとお考えですか。
타까이또오깡가에데스까

高い 비싸다 ↔ 安い 싸다

■ 이 정도면 되겠습니까?

これでよろしいでしょうか。
코레데요로시-데쇼-까

■ 지불 조건은 어떻게 됩니까?

支払い条件はどうなりますか。
시하라이죠-껜와도-나리마스까

비즈니스

05 계약

가격까지 정했으니 계약할 일만 남았는데 꼼꼼히 체크하지 않아 낭패를 보는 경우도 생길 수 있습니다. 계약 조항은 세심하게 챙기도록 하세요. 나중에 발생할 수 있는 문제점에 대해서도 해결 방안을 미리 명시하도록 하고요. 애프터 서비스, 클레임까지 검토할 사항이 너무 많습니다. 참! 납품 시기는 넉넉하게 잡아야 제 때 할 수 있다는 거 다 아시죠. 중간에 항상 변수가 존재하기 마련이니까요.

계약

- 계약 상담을 하고 싶은데요.

   契約の話をしたいんですが。

   케-야꾸노하나시오시따인데스가

- 계약서에 관해 의논합시다.

   契約書について話し合いましょう。

   케-야꾸쇼니츠이떼하나시아이마쇼-

   話し合う。의논하다.

- 정식으로 계약을 하고 싶은데요.

   正式に契約をしたいんですが。

   세-시끼니케-야꾸오시따인데스가

- 이것이 계약서입니다.

   こちらが契約書でございます。

   코찌라가케-야꾸쇼데고자이마스

- 천천히 확인해 주십시오.

   ゆっくり確認してください。

   육꾸리카꾸닌시떼구다사이

Section 14

■ 계약기간은 몇 년으로 할까요?

契約期間は何年にしますか。

케-야꾸기깐와난넨니시마스까

■ 이 조건을 계약서에 명기합시다.

この条件を契約書に明記しましょう。

코노죠-껭오케-야꾸쇼니메-끼시마쇼-

■ 계약을 체결합시다.

契約を結びましょう。

케-야꾸오무스비마쇼-

契約を結ぶ 계약을 체결하다.

■ 서명을 부탁합니다.

サインをお願いします。

사잉오오네가이시마스

■ 계약서는 양측에서 한 부씩 보관하도록 하겠습니다.

契約書は両方で一部ずつ保管することにいたします。

케-야꾸쇼와료-호-데이찌부즈쯔호깐스루고또니이따시마스

~することにする   ~하기로 하다.

本を読むことにする。책을 읽기로 하다.

■ 어떤 일도 계약에 따라 처리합니다.

何事も契約にもとづいて取り計らいます。

나니고또모케-야꾸니모또즈이떼토리하까라이마스

비즈니스

■ 계약을 지켜 주십시오.
契約をお守りください。
케-야꾸오오마모리구다사이

■ 내용에 대해 이의는 없습니까?
内容について異議はありませんか。
나이요-니츠이떼이기와아리마셍까

■ 문제가 없으면 계약을 연장합시다.
問題がなければ契約を延長しましょう。
몬다이가나께레바케-야꾸오엔쬬-시마쇼-

■ 계약 내용을 변경할 수 있습니까?
契約内容を変更することができますか。
케-야꾸나이요-오헹꼬-스루고또가데끼마스까

■ 계약 조항에 하자는 없지요?
契約条項に瑕疵はありませんね。
케-야꾸죠-꼬-니카시와아리마센네

· 瑕疵 하자   · 異議 이의

■ 계약 내용을 잘 확인해 주십시오.
契約内容をよく 確かめてください。
케-야꾸나이요-오요꾸타시까메떼구다사이

Section 14

■ 책임은 쌍방이 지게 됩니다.

責任は双方がおうことになります。
세끼닌와소-호-가오우고또니나리마스

責任をおう。 책임을 지다.

■ 조건을 변경하면 어떻습니까?

条件を変更してはどうですか。
죠-껭오헹꼬-시떼와도-데스까

■ 재계약도 합의가 있으면 가능합니다.

再契約も合意があれば可能です。
사이께-야꾸모고-이가아레바카노-데스

■ 손해는 쌍방이 동등하게 지게 됩니다.

損害は双方が同等に負うことになります。
송가이와소-호-가도-또-니오우고또니나리마스

~ことになる ~하게 되다.

結婚することになる。 결혼하게 되다.

■ 계약에 빠진 것은 없습니까?

契約に漏たものはありませんか。
케-야꾸니모레따모노와아리마셍까

비즈니스

06 주문

주문서에는 수량과 입하일 등을 명확히 명기하고 이에 따라 담당자는 신속하게 재고 등을 파악하여 답변을 주어야 합니다. 그래야 거래가 신속, 정확하게 이루어지겠죠. 실수는 모두 돈으로 해결하지 않으면 안되므로 꼼꼼하게 체크하세요.

発注します。

● 주문

■ ~을 주문하고 싶은데요.

~を 注文したいんですが。
~오츄-몬시따인데스가

■ 제품을 주문하고 싶은데요.

製品を注文したいんですが。
세-힝오츄-몬시따인데스가

■ 귀사의 제품을 주문하기로 했습니다.

おたくの製品を注文することに決まりました。
오따꾸노세-힝오츄-몬스루고또니키마리마시따

■ 주문에 대해 검토해 보셨습니까?

注文について検討されていますか。
츄-몬니츠이떼켄또-사레떼이마스까

■ 발주하겠습니다.

発注します。
핫쮸-시마스

発注 발주 ↔ 受注 수주

386

Section 14

- 재고는 있습니까?

   在庫はございますか。

   자이꼬와고자이마스까

- 확인해서 바로 알려 드리겠습니다.

   確かめてすぐお知らせします。

   타시까메떼스구오시라세시마스

- 알아 볼테니 잠시 기다려 주십시오.

   調べますので少々お待ちください。

   시라베마스노데쇼-쇼-오마찌구다사이

- 재고가 충분합니다.

   充分に在庫がございます。

   쥬-분니자이꼬가고자이마스

- 주문하신 제품은 재고가 10대밖에 없습니다.

   ご注文の製品は10台しか在庫がございません。

   고쮸-몬노세-힌와쥬-다이시까자이꼬가고자이마셍

   ~しかありません　~밖에 없습니다.

   一つしかありません　한 개 밖에 없습니다.

- 말씀하신 디자인은 떨어졌습니다.

   お申し出のデザインは切らしています。

   오모-시데노데자인와키라시떼이마스

비즈니스

■ 죄송하지만 그 제품은 이제 생산하지 않습니다.

申し訳ございませんが、その製品は切らしております。

모-시와께고자이마셍가 소노세-힌와키라시떼오리마스

名刺を切らしております。 명함이 떨어졌습니다.

■ 주문하신 디자인은 품절입니다.

ご注文のデザインは切らしています。

고쮸-몬노데자인와키라시떼이마스

品切 품절

■ 모델을 바꿨습니다.

モデルチェンジしました。

모데루첸지시마시따

■ 이 모델로 해 드리면 안 됩니까?

このモデルにしていただくわけにはいきませんか。

코노모데루니시떼이따다꾸와께니와이끼마셍까

■ 제품 번호와 수량을 말씀해 주십시오.

製品番号と数量をおっしゃってください。

세-힝방고-또스-료-오옷샷떼구다사이

■ 모레까지 납품해 주십시오.

あさってまでに納入してください。

아삿떼마데니노-뉴-시떼구다사이

・きのう 어제 ・きょう 오늘 ・あした 내일 ・あさって 모레

Section 14

■ 물건은 언제 받을 수 있습니까?

品物はいつ手に入りますか。

시나모노와이쯔테니하이리마스까

手に入る 받다

■ 언제까지 납품해 줄 수 있습니까?

いつまでに納入してもらえますか。

이쯔마데니노-뉴-시떼모라에마스까

■ 다음 주 화요일까지 보내주시겠습니까?

来週の火曜日までに取り寄せてもらえますか。

라이슈-노카요-비마데니토리요세떼모라에마스까

■ 시간이 어느 정도 걸립니까?

どのくらい時間がかかりますか。

도노구라이지깡가카까리마스까

■ 예, 반드시 납품할 수 있습니다.

はい、かならず納入できます。

하이 카나라즈노-뉴-데끼마스

■ 물품 출하일을 확인해 주십시오.

出荷日を確認してください。

슉까비오카꾸닌시떼구다사이

■ 다음 주에 인도 가능할 겁니다.

来週に荷渡できるでしょう。

라이슈-니니와따시데끼루데쇼-

비즈니스

■ 주문한 물건은 언제 도착합니까?
注文した品物はいつ届きますか。
츄-몬시따시나모노와이쯔토도끼마스까

■ 주문을 취소하고 싶은데요.
注文を取り消したいんですが。
츄-몽오토리께시따인데스가

■ 이번 주문은 취소하겠습니다.
この度の注文は取り消します。
코노타비노츄-몬와토리께시마스

■ 주문을 변경하고 싶습니다. 가능합니까?
注文を変更したいんです。できますか。
츄-몽오헹꼬-시따인데스 데끼마스까

■ 생산에 들어가 있지 않으면 가능합니다.
生産に入っていなければ大丈夫です。
세-산니하잇떼이나께레바다이죠-부데스

■ 어떻게 변경하고 싶습니까?
どのような変更をしたいのですか。
도노요-나헹꼬-오시따이노데스까

Section 14

- 주문을 취소하지 않으면 안 되겠는데요.

 注文をキャンセルしなければならないんですが。

 츄-몽오 칸세루시나께레바나라나인데스가

 ~なければならない。 ~하지 않으면 안된다.

 熱心に勉強しなければならない。 열심히 공부하지 않으면 안된다.

- 가격이 맞지 않기 때문에 주문을 취소하는 것 이외에 방법이 없습니다.

 値段が合わないので注文を取り消しするほかに方法がありません。

 네당가아와나이노데츄-몽오토리께시스루호까니호-가아리마셍

비즈니스

07 클레임

계약할 때와 다른 상품, 파손, 불량, 수량 부족 등 클레임이 발생할 수 있는 여러 상황들이 있습니다. 당황하지 말고 신속하게 해결해야 피해를 최대한으로 줄일 수 있습니다. 그러나 무엇보다 중요한 것은 이러한 사태가 생기지 않도록 미리미리 잘 챙겨야 한다는 점이죠. 신뢰감을 잃지 않도록 우선 이렇게 말하세요.

すぐに係りを伺わせ、調べさせます。(곧 담당자를 보내서 조사하겠습니다.)

● 클레임

■ 클레임을 제기합니다.

クレームを提起します。
쿠레-무오테-끼시마스

■ 주문한 물품이 아직 도착하지 않았습니다.

注文した品がまだ届かないんです。
츄-몬시따시나가마다토도까나인데스

■ 납기가 늦어지고 있습니다.

納期が遅れています。
노-끼가오꾸레떼이마스

遅れている 늦어지다.

■ 빨리 도착하지 않으면 주문을 취소하겠습니다.

早く到着しなければ注文はキャンセルします。
하야꾸토-쨔꾸시나께레바츄-몬와 캰세루시마스

・キャンセル / 取り消し 취소

■ 세관에 묶여 있습니다.

税関で止められています。
제-깐데토메라레떼이마스

■ 제품이 줄어들었습니다.

製品がちぢみました。
세-힝가치지미마시따

■ 얼룩이 생겨 있었습니다.

むらが生じていました。
무라가쇼-지떼이마시따

■ 화물이 파손되었습니다.

貨物が傷んでいました。
카모쯔가이딴데이마시따

■ 디자인이 주문한 것과 다릅니다.

デザインが注文したものと違います。
데자잉가츄-몬시따모노또치가이마스

~と違う ~과 다르다.

原本と違う。 원본과 다르다.

■ 포장이 찢어져 있었습니다.

包装が破れていました。
호-소-가야부레떼이마시따

비즈니스

- 상품이 심하게 부서져 있었습니다.

  商品がひどく壊れていました。

  쇼-힝가히도꾸코와레떼이마시따

- 어떻게 할까요?

  どうしましょうか。

  도-시마쇼-까

- 품질이 떨어집니다.

  品質が劣っていました。

  힌시쯔가오똣떼이마시따

  劣っている。 떨어지다. 質が劣っている。 질이 떨어지다.

- 샘플에 비해서 질이 떨어집니다.

  サンプルに比べると質が劣っています。

  삼뿌루니쿠라베루또시쯔가오똣떼이마스

- 다른 물건이 보내졌습니다.

  ほかの品物が送られて来ました。

  호까노시나모노가오꾸라레떼키마시따

- 수가 모자랍니다.

  数が足りません。

  카즈가타리마셍

  数が足りる 수가 모자라다.

Section 14

- 상품에 흠집이 났습니다.

  商品にきずがつきました。

  쇼-힌니키즈가츠끼마시따

  きずがつく 흠집이 나다.

- 사이즈가 주문한 것과 다릅니다.

  サイズが注文したものと違います。

  사이즈가츄-몬시따모노또치가이마스

- 물건이 모자랍니다.

  品物が足りません。

  시나모노가타리마셍

- 제대로 작동하지 않습니다.

  ちゃんと動きません。

  챤또우고끼마셍

- 착오로 다른 상품이 보내졌습니다.

  手違いで違う品が送られて来ました。

  테찌가이데치가우시나가오꾸라레떼키마시따

- 그럴 리가 없습니다. 한 번 더 확인해 주세요.

  そんなはずはありません。もう一度確かめてください。

  손나하즈와아리마셍 모-이찌도타시까메떼구다사이

- 곧 반송해 주시겠습니까?

  すぐ送り返していただけますか。

  스구오꾸리카에시떼이따다께마스까

비즈니스

- 즉시 반품해 주십시오.

 すぐ 返品してください。

 스구헴삔시떼구다사이

- 곧 정상 제품을 보내드리겠습니다.

 すぐに ただしい品物をお送りいたします。

 스구니타다시-시나모노오오오꾸리이따시마스

- 빨리 처리해 주십시오.

 早く 処理してください。

 하야꾸쇼리시떼구다사이

- 대단한 손해를 봤습니다.

 たいへんな損をしました。

 타이헨나송오시마시따

 損をする 손해를 보다.

- 보상을 요구합니다.

 補償を要求します。

 호쇼-오요-뀨-시마스

- 이번 사고로 생산에 지장을 가져오고 있습니다.

 今度の事故で生産に支障をもたらしています。

 콘도노지꼬데세-산니시쇼-오모따라시떼이마스

 支障をもたらす 지장을 초래하다.

15

여행

할 일이 있고 충분한 휴식을 취할 수 있다면 그것만큼 행복한 삶도 없을 겁니다. 물론 학생 여러분은 공부에 매진하는 것이 가장 큰 일이고요. 그럼 우리 어디 즐거운 여행을 시작해 볼까요!? 출입국 절차에서부터 환전, 길 찾기, 교통, 관광에 이르기까지 여행에 필요한 회화들을 살펴보겠습니다.

여행

01 공항에서

공항은 최소한 2시간 정도는 여유를 두고 나가 있어야 절차를 밟고 면세점도 둘러볼 시간이 생깁니다. 먼저 카운터를 찾아가세요. 탑승권도 받아야 하고 짐도 맡겨야 하고 할 일이 많습니다.

● 비행기 예약

버스처럼 아무 때나 탈 수 있는 것도 아니고 예약은 필수. 항공사나 여행사를 통해 예약해 두는 것 잊지 마세요. 간혹 재확인을 안 하면 취소될 수도 있으니까 꼭 체크해 두세요.

■ ~행을 예약하고 싶은데요.

~ゆきの 便を 予約したいんですが。

~유끼노빙오요야꾸시따인데스가

・~ゆき ~행　大阪ゆき 오사카행

■ 예약을 확인하고 싶은데요.

予約を確認したいんですが。

요야꾸오카꾸닌시따인데스가

■ 네, 예약되어 있습니다.

はい、予約されております。

하이 요야꾸사레떼오리마스

■ 하루에 몇 편 있습니까?

一日に何便ありますか。

이찌니찌니난빙아리마스까

・何便 몇 편　・何時の便 몇 시편

Section 15

■ 몇 시편이 있습니까?

何時の便がありますか。
난지노빙가아리마스까

■ 요금은 얼마입니까?

料金は おいくらですか。
료-낀와오이꾸라데스까

■ 왕복요금은 얼마입니까?

往復料金はいくらですか。
오-후꾸료-낑와이꾸라데스까

往復 왕복 ↔ 片道 편도

■ 첫 비행기는 언제입니까?

一番 早い便はいつですか。
이찌방하야이빈와이쯔데스까

■ 몇 시간마다 있습니까?

何時間ごとに ありますか。
난지깡고또니아리마스까

~ごとに ~마다

8時間ごとに 8시간마다

■ 다음 편은 몇 시입니까?

次の便は何時ですか。
츠기노빈와난지데스까

여행

■ 예약을 부탁합니다.
予約をお願いします。
요야꾸오오네가이시마스

■ 화요일 10시편으로 바꿔 주시겠습니까?
火曜日の10時の便に変更していただけますか。
카요-비노쥬-지노빈니헹꼬-시떼이따다께마스까

■ 예약을 변경하고 싶습니다.
予約を変更したいんです。
요야꾸오헹꼬-시따인데스

■ 예약을 취소하고 싶은데요.
予約をキャンセルしたいんですが。
요야꾸오 캰세루시따인데스가

● 탑승 수속

공항 카운터에서 여권과 항공권을 제시한 뒤 탑승권을 받습니다. 이 때 출입국카드도 작성해야 하며 시간이 많이 걸릴 수도 있으니 최소 2시간 전까지는 공항에 나가야 합니다.

■ 탑승 수속은 어디서 합니까?
搭乗手続きはどこでするのですか。
토-죠-떼쯔즈끼와도꼬데스루노데스까

■ 이 편의 게이트는 어디입니까?
この便のゲートはどちらですか。
코노빈노게-또와도찌라데스까

Section 15

■ 카운터는 어디입니까?

カウンターはどこですか。
카운따-와도꼬데스까

■ 탑승구는 어느 쪽에 있습니까?

搭乗口はどちらにありますか。
토-죠-구찌와도찌라니아리마스까

· 搭乗口 탑승구 · 入口 입구 · 出口 출구

■ 여권과 항공권을 부탁합니다.

パスポートと航空券をお願いします。
파스뽀-또또코-꾸-껭오오네가이시마스

· パスポート 여권 · ビザ 비자 · 航空券 항공권

■ 창가 좌석으로 부탁합니다.

窓側の席でお願いします。
마도가와노세끼데오네가이시마스

· 窓側の席 창가 좌석 · 前方の席 앞쪽자리

수화물

들고 갈 정도의 짐은 그대로 갖고 타면 되고, 큰 짐은 맡긴 뒤 수화물 인수증을 받게 됩니다.

■ 무언가 신고할 물건은 없습니까?

何か 申告するものは ありませんか。
나니까싱꼬꾸스루모노와아리마셍까

여행

■ 이것들은 무엇입니까?

こちらは 何(なん)ですか。
코찌라와난데스까

■ 짐은 전부 몇 개입니까?

荷物(にもつ)は全部(ぜんぶ)いくつですか。
니모쯔와젬부이꾸쯔데스까

■ 그 가방은 맡기시겠습니까?

そのバッグはお預(あず)けになりますか。
소노박구와오아즈께니나리마스까

バッグ 가방. 발음에 유의해 주세요.

■ 내용물은 무엇입니까?

中身(なかみ)は何(なん)ですか。
나까미와난데스까

中身(なかみ) 내용물

■ 신고할 것은 이것뿐입니다.

申告(しんこく)するものは これだけです。
싱꼬꾸스루모노와코레다께데스

■ 이 가방은 기내로 가지고 들어갈 수 있습니까?

このバッグは機内(きない)に持(も)ち込(こ)めますか。
코노박구와키나이니모찌꼬메마스까

Section 15

■ 꼬리표를 붙여 주세요.

名札をつけてください。
나후다오츠께떼구다사이

名札をつける 꼬리표를 붙이다.

◎ 기내에서

자리를 찾거나 기타 불편 사항이 있으면 승무원에게 요청합니다. 외국 항공사라 할지라도 최소한의 한국 승무원은 탑승하고 있으니 걱정 말고 부탁하세요.

■ 내 자리는 어디입니까?

私の座席はどこですか。
와따시노자세끼와도꼬데스까

■ 화장실은 어디입니까?

トイレはどこですか。
토이레와도꼬데스까

・トイレ / お手洗い 화장실

■ 음료는 뭐가 좋겠습니까?

お飲み物は何がいいですか。
오노미모노와나니가이-데스까

■ 어떤 음료가 있습니까?

どんな飲み物がありますか。
돈나노미모노가아리마스까

여행

■ 주스를 부탁합니다.

ジュースをお願いします。
쥬-스오오네가이시마스

・ジュース 주스 ・コーヒー 커피 ・コーラ 콜라 ・みず 물 ・お冷や 냉수

■ 식사는 언제 나옵니까?

食事はいつ出ますか。
쇼꾸지와이쯔데마스까

■ 뭔가 읽을 거리가 있으면 하는데요.

何か読み物がほしいんですが。
나니까요미모노가호시-ㄴ데스가

・読み物 읽을 거리 ・飲物 음료

● 입국심사

비행기 안에서 입국카드를 미리 작성해 두면 편리합니다. 이 때 질문 받게 되는 것은 여권이나 비자의 유효기간, 입국 목적, 체재 기간 등입니다.

■ 입국카드와 여권을 보여 주십시오.

入国カードとパスポートを見せてください。
뉴-꼬꾸카-도또파스뽀-또오미세떼구다사이

■ 입국 목적은 무엇입니까?

入国の目的は何ですか。
뉴-꼬꾸노모꾸떼끼와난데스까

Section 15

■ 관광입니다.

観光です。

캉꼬-데스

■ 비즈니스입니다.

ビジネスです。

비지네스데스

■ 얼마 동안 체류하십니까?

どのくらい 滞在なさいますか。

도노구라이타이자이나사이마스까

■ 직업은 무엇입니까?

職業は なんですか。

쇼꾸교-와난데스까

■ 가방을 열어 주세요.

バッグを 開けてください。

박구오아께떼구다사이

■ 어디에 숙박합니까?

どこに 泊まりますか。

도꼬니토마리마스까

~に 泊まる ~에 묵다.

여행

■ 친구 집에 묵을 예정입니다.

友人の家に泊まる予定です。
유-진노우찌니토마루요떼-데스

ホテルに泊まる 호텔에 묵다.

● 면세점

나갈 때와 들어올 때 짐도 맡기고 출국 절차가 끝나면 탑승 때까지 면세점을 둘러 볼 시간이 생깁니다. 자신이 원하던 물건을 구입할 기회가 되겠죠.

■ 이것은 얼마입니까?

これはいくらですか。
코레와이꾸라데스까

■ 가격은 표에 쓰여져 있습니다.

値段は札に書いてあります。
네단와후다니카이떼아리마스

■ 이것은 있습니까?

これはありますか。
코레와아리마스까

■ 어떤 종류가 있습니까?

どんな種類がありますか。
돈나슈루이가아리마스까

Section 15

■ 담배 2보루 주세요.

タバコ二(ふた)つください。
타바꼬후따쯔구다사이

一箱(ひとはこ) 한갑

二箱(ふたはこ) 두갑

● 환전

일반은행에서 환전할 수도 있겠지만 공항에서도 환전이 가능합니다. 하지만 시간을 갖고 미리 준비해 두는 것이 더욱 좋겠죠!!

■ 환전소는 어디입니까?

両替所(りょうがえしょ)は どこですか。
료-가에쇼와도꼬데스까

■ 어떻게 바꿔 드릴까요?

どのように かえましょうか。
도노요-니카에마쇼-까

■ 엔으로 바꿔 주세요.

円(えん)に かえてください。
엔니 카에떼구다사이

・円(えん) 엔 ・ドル 달러 ・ウォン 원

■ 여행자 수표로 바꿔 주세요.

トラベラーズチェックに かえてください。
토라베라-즈첵꾸니카에떼구다사이

여행

■ 환전해 주십시오.

<ruby>両替<rt>りょうがえ</rt></ruby>してください。

료-가에시떼구다사이

■ 오늘의 환율은 얼마입니까?

きょうの<ruby>為替<rt>かわせ</rt></ruby>レートはいくらですか。

쿄-노카와세레-또와이꾸라데스까

<ruby>為替<rt>かわせ</rt></ruby>レート 환율

■ 여기에 서명해 주십시오.

ここにサインしてください。

코꼬니사인시떼구다사이

여행

02 관광 안내소

관광안내소에서 관광상품을 직접 선택할 경우에는 코스와 일정 등을 고려, 자신에게 맞는 상품을 고르면 됩니다. 단, 식사 유무와 교통체크는 필수인 거 아시죠!!

しょくじつ
食事付き(식사 포함)

관광 안내소

■ 어떤 관광 코스가 있습니까?

どんな 観光コースが ありますか。

돈나캉꼬-코-스가아리마스까

■ 오늘도 관광 일정이 있습니까?

今日も観光の日程が ありますか。

쿄-모캉꼬-노닛떼-가아리마스까

■ 시간은 어느 정도 있습니까?

時間はどのくらいありますか。

지깐와도노구라이아리마스까

■ 예산은 어느 정도입니까?

ご予算はどのくらいですか。

고요산와도노구라이데스까

■ 어디를 돕니까?

どこを回るのですか。

도꼬오마와루노데스까

여행

■ 볼 만한 곳은 어디입니까?

見どころは どこですか。
미도꼬로와도꼬데스까

· 見どころ 볼 만한 곳　　· 観光コース 관광 코스

■ 관광 코스를 추천해 주시겠습니까?

観光コースを 勧めていただけますか。
캉꼬-코-스오스스메떼이따다께마스까

■ 하루 코스 요금은 얼마입니까?

一日の コースの 料金はいくらですか。
이찌니찌노코-스노료-낀와이꾸라데스까

· 一日のコース　　하루 코스

· 半日観光　　반나절 관광

· 一日観光　　하루 관광

여행

03 관광

여러 가지 궁금한 사항은 물어보고 넘어가야겠죠!!

● 관광

■ 여기가 어디입니까?

ここは どこですか。
코꼬와도꼬데스까

■ 저 건물은 무엇입니까?

あの建物はなんですか。
아노타떼모노와난데스까

■ 여기서 얼마나 머뭅니까?

ここでどのくらい泊まりますか。
코꼬데도노구라이토마리마스까

■ 몇 시에 출발합니까?

何時に出発しますか。
난지니슙빠쯔시마스까

■ 몇 시에 돌아옵니까?

何時に戻りますか。
난지니모도리마스까

411

여행

■ 이것은 어디서 볼 수 있습니까?

これはどこで見られますか。

코레와도꼬데미라레마스까

■ 여기는 東大寺입니다.

ここは 東大寺です。

코꼬와토-다이지데스

■ 여기는 세계적인 온천지입니다.

ここは世界的な温泉地です。

코꼬와세까이떼끼나온센찌데스

■ 가부키를 보고 싶은데요.

歌舞伎を見たいんです。

카부끼오미따인데스

■ 입장료는 얼마입니까?

入場料は いくらですか。

뉴-죠-료-와이꾸라데스까

여행

04 사진 촬영

여행의 즐거움도 즐거움이지만 결국 남는 건 추억과 사진 아니겠습니까!? 누군가의 도움을 받아서라도 멋진 사진을 남겨야겠습니다. 이럴 땐 すみません。이라고 한 뒤 살짝 부탁해 보세요. 이 すみません。정말 쓸모가 많습니다.

● 사진 촬영

■ 여기에서 사진을 찍어도 됩니까?

ここで 写真を 撮っても いいですか。
코꼬데샤싱오톳떼모이-데스까

写真を 撮る / 写真を写す 사진을 찍다

■ 사진 좀 찍어 주시겠습니까?

写真を撮ってもらえませんか。
샤싱오톳떼모라에마셍까

■ 미안하지만 셔터를 눌러 주시겠습니까?

すみませんが、シャッターを押してもらえませんか。
스미마셍가 샷따오오시떼모라에마셍까

シャッターを押す 셔터를 누르다.

■ 셔터를 누르면 됩니다.

シャッターを押すだけです。
샷따오오스다께데스

여행

■ 플래시를 터뜨려도 됩니까?

フラッシュをたいてもいいですか。
후랏슈오오타이떼모이-데스까

フラッシュをたく 플래시를 터뜨리다.

■ 저 건물을 배경으로 넣어 주세요.

あの建物を背景にいれてください。
아노타떼모노오하이께-니이레떼구다사이

■ 여기에서 찍어 주십시오.

ここで写してください。
코꼬데우쯔시떼구다사이

■ 여기에서 찍으시겠습니까?

ここで撮ってもらえませんか。
코꼬데톳떼모라에마셍까

■ 한 장 더 부탁합니다.

もう一枚お願いします。
모-이찌마이오네가이시마스

■ 여기는 촬영금지입니다.

ここは撮影禁止です。
코꼬와사쯔에이낀시데스

■ 자, 웃으세요.

じゃ、笑ってください。
쟈 와랏떼구다사이

Section 15

- 괜찮으시다면 함께 찍지 않으시겠습니까?

  良かったら、一緒に撮りませんか。
  요깟따라 잇쇼니토리마셍까

- 현상해 주십시오.

  現像してください。
  겐소-시떼구다사이

여행

05 길 안내

타국이니 만큼 길 찾기는 만만치 않을 테고 여러분도 길 하나쯤은 묻고 답변할 수 있는 실력을 갖춰야겠죠! 이럴 때도 せん。 또는 失礼ですが。(실례합니다만)라고 한 뒤 길을 묻습니다.

🍃 길을 물어볼 때

먼저 すみませんが。라고 말을 건 뒤 행선지의 위치를 물어보세요.

- 잠깐 여쭤 보겠습니다.

ちょっとおたずねいたします。
춋또오따즈네이따시마스

- 한국호텔로 가는 길을 가르쳐 주실래요?

韓国ホテルへ行く道を教えてくれますか。
캉꼬꾸호떼루에이꾸미찌오오시에떼구레마스까

行く道 / 行き方 가는 길

- 여기가 어디입니까?

ここはどこですか。
코꼬와도꼬데스까

- 병원을 찾고 있는데 여기서 멉니까?

病院を探してるんですが、ここからとおいですか。
뵤-잉오사가시떼룬데스가 코꼬까라토-이데스까

Section 15

■ 이 길로 가면 됩니까?

この道でいいんでしょうか。

코노미찌데이인데쇼-까

■ 이 부근을 잘 아십니까?

この辺にはお詳しいですか。

코노헨니와오꾸와시-데스까

■ 지하철역은 어디입니까?

地下鉄の駅はどちらですか。

치까떼쯔노에끼와도찌라데스까

・地下鉄の駅 지하철역 ・バス停 버스정류장 ・タクシー乗り場 택시 승차장

■ 가장 가까운 버스정류장은 어디입니까?

最寄りのバス停はどこですか。

모요리노바스떼-와도꼬데스까

■ 길을 잃었는데요.

道に迷ったようですが。

미찌니마욧따요-데스가

道に迷う 길을 잃다

■ 도쿄디즈니랜드는 어떻게 가면 됩니까?

東京ディズニーランドは どうやっていけばいいですか。

토-꾜-디즈니-란도와 도-얏떼이께바이-데스까

여행

■ ~으로 가는 길을 가르쳐 주시겠습니까?

~の行き方を教えていただけますか。
~노유끼까따오오시에떼이따다께마스까

● 길을 가르쳐 줄 때

길 같은 경우는 설명하기가 간단하지 않죠. 다음과 같은 표현들을 익혀 보세요.

■ 이 길을 똑바로 가십시오.

この道を まっすぐ行ってください。
코노미찌오맛스구잇떼구다사이

· まっすぐ 똑바로 · ~に曲がる ~로 돌다 · ずっと 곧장

■ 이 모퉁이를 오른쪽으로 돌아 가세요.

この角を右に曲がってください。
코노카도오미기니마갓떼구다사이

■ 여기서 좀 더 가면 됩니다.

ここからもう少し行けばいいです。
코꼬까라모-스꼬시이께바이-데스

■ 이 길을 곧장 가면 나옵니다.

この道をずっと行くとでます。
코노미찌오즛또이꾸또데마스

Section 15

■ 건너편에 있습니다.
向かい側にあります。
무까이가와니아리마스

■ 20분쯤 가면 나옵니다.
二十分ぐらい行けば出ます。
니쥬뿡구라이이께바데마스

■ 이 다리를 건너면 바로 나옵니다.
この橋を渡ればすぐ出ます。
코노하시오와따레바스구데마스

■ 이 길 건너편에 있습니다.
このみちの向こう側にあります。
코노미찌노무꼬-가와니아리마스

・向こう側 건너편 ・角 모퉁이 ・手前 바로 앞

■ 이 모퉁이를 오른쪽으로 돌아가세요.
この角を右に曲がって行ってください。
코노카도오미기니마갓떼잇떼구다사이

右に曲がる 오른쪽으로 돌다. ↔ 左に曲がる 왼쪽으로 돌다.

■ 지금 온 길을 돌아가야 합니다.
今来た道を戻らないといけません。
이마키따미찌오모도라나이또이께마셍

여행

- 저도 그 방향으로 가니까, 따라오세요.

 私もそちらの方向へ行きますから、お連れしましょう。

 와따시모소찌라노호-꼬-에이끼마스까라 오쯔레시마쇼-

- 여기서 멉니까?

 ここから遠いですか。

 코꼬까라토-이데스까

- 얼마나 걸립니까?

 どのくらいかかりますか。

 도노구라이카까리마스까

- 걸어서 갈 수 있습니까?

 歩いて行けますか。

 아루이떼이께마스까

- 걸어서 10분쯤 걸립니다.

 歩いて十分ぐらいかかります。

 아루이떼집뿡구라이카까리마스

- 버스로 가면 편리합니다.

 バスで行けば便利です。

 바스데이께바벤리데스

여행

06 대중교통

물가가 비싼 일본에서 조금이라도 교통비 지출을 줄이려면 대중교통을 잘 이용할 줄 알아야겠죠!? 여러 가지 수단을 이용하는 데 불편함이 없도록 표현 등을 익혀보기로 하겠습니다.

● 지하철, 전철

일본은 지하철과 전철이 발달한 나라입니다. 노선도를 잘 살펴보고 이용하는 지혜가 필요합니다.

■ 매표소가 어디입니까?

切符売り場はどこですか。

킵뿌우리바와도꼬데스까

■ 표는 어디에서 삽니까?

切符はどこで買うんですか。

킵뿌와도꼬데카운데스까

■ 몇 번 홈에서 타면 됩니까?

何番ホームで乗れば いいですか。

남반호-무데노레바이-데스까

~に乗る ~을(를) 타다.

■ ~까지 가는 표 한 장 주세요.

~まで行く切符一枚ください。

~마데이꾸킵뿌이찌마이구다사이

| 여행

■ 자동판매기는 어디에 있습니까?

切符販売機はどこにありますか。
킵뿌함바이끼와도꼬니아리마스까

■ 이 자동발매기의 사용법을 가르쳐 주십시오.

この自動券売機の使い方を教えてください。
코노지도-함바이끼노츠까이까따오오시에떼구다사이

· 使い方 사용법   · 読み方 읽는 법

■ 저쪽 자동판매기에서 사세요.

あそこの自動販売機で買ってください。
아소꼬노지도-함바이끼데캇떼구다사이

■ 여기서 타면 신쥬쿠역으로 갑니까?

ここで乗ると新宿駅に行きますか。
코꼬데노루또신쥬꾸에끼니이끼마스까

■ 오사카까지 얼마입니까?

大阪までいくらですか。
오-사까마데이꾸라데스까

■ 편도 한 장 주십시오.

片道一枚ください。
카따미찌이찌마이구다사이

· 片道 편도   · 往復 왕복   · 急行 급행

Section 15

■ 왕복 얼마입니까?

往復いくらですか。
오-후꾸이꾸라데스까

■ 교토로 가려면 어느 선을 타면 됩니까?

京都まで行くにはどの線に乗ればいいですか。
쿄-또마데이꾸니와도노센니노레바이-데스까

■ 몇 번 홈에서 타면 됩니까?

何番ホームで乗ればいいですか。
남반호-무데노레바이-데스까

~ば ~하면   バスで行けばすぐです。 버스로 가면 금방입니다.

■ 5번 홈에서 타세요.

5番ホームで乗ってください。
고반호-무데놋떼구다사이

■ 아니오, 반대편입니다.

いいえ、反対方面です。
이-에 한따이호-멘데스

■ 어디에서 갈아 탑니까?

どこで のりかえますか。
도꼬데노리까에마스까

■ 여기서 갈아 타십시오.

ここで のりかえてください。
코꼬데노리까에떼구다사이

여행

■ 출구는 어디입니까?
出口はどこですか。
데구찌와도꼬데스까

■ 이 전철은 교토역에 섭니까?
この電車は京都に止りますか。
코노덴샤와쿄-또니토마리마스까

■ 다음 역에서 내리세요.
次の駅で降りなさい。
츠기노에끼데오리나사이

降りる 내리다 ↔ 乗る 타다

■ 대사관은 어디로 나가면 됩니까?
大使館はどこから出たらいいですか。
타이시깐와도꼬까라데따라이-데스까

● 버스

안내양 없이 우리처럼 요금을 직접 요금함에 넣습니다. 관광은 하토바스를 이용하면 편리하고요.

■ 실례지만, 버스정류장이 어디입니까?
すみませんが、バス停は どこですか。
스미마셍가 바스떼-와도꼬데스까

Section 15

■ 버스 터미널은 어디에 있습니까?

バスターミナルはどこにありますか。

바스따-미나루와도꼬니아리마스까

■ 그곳까지 버스가 다닙니까?

そこまでバスが走っhasiっていますか。

소꼬마데바스가하싯떼이마스까

■ 어디에서 버스를 탑니까?

どこでバスに乗noりますか。

도꼬데바스니노리마스까

■ 몇 번 버스를 타야 됩니까?

何nan番banバスに乗noればいいですか。

남반바스니노레바이-데스까

■ 이 버스는 우에노공원까지 갑니까?

このバスは上ue野no公kou園enまで行ikきますか。

코노바스와우에노꼬-엔마데이끼마스까

■ 이 버스는 백화점에서 섭니까?

このバスはデパートで止tomaりますか。

코노바스와데빠-또데토마리마스까

デパート 백화점 百貨店byakkaten(×)

■ 돌아오는 버스는 어디서 탑니까?

帰kaeりのバスはどこから乗noるのですか。

카에리노바스와도꼬까라노루노데스까

425

여행

■ 어디에서 내리면 됩니까?

どこで降りればいいですか。
도꼬데오리레바이-데스까

■ 거기에 도착하면 가르쳐 주시겠습니까?

そこに着いたら教えていただけますか。
소꼬니츠이따라오시에떼이따다께마스까

~たら ~하면
都合がよかったら、いっしょに行きませんか。 형편이 괜찮으면 같이 가지 않겠습니까?

■ 5번 버스를 타세요.

5番のバスに乗ってください。
고반노바스니놋떼구다사이

■ 요금은 얼마입니까?

料金はいくらですか。
료-낀와이꾸라데스까

■ 버스를 잘못 탔습니다.

バスを乗り違えました。
바스오노리찌가에마시따

乗り違える 잘못 타다.

Section 15

🚕 택시

길을 잘 모를 경우에는 택시를 이용하는 것이 가장 탁월한 선택일 수도 있습니다. 이렇게 말해 보세요.

~までお願いします。(~까지 부탁합니다.)

■ 택시를 불러 주세요.

タクシーを 呼んでください。
타꾸시-오욘데구다사이

■ 택시 타는 곳은 어디입니까?

タクシー乗り場は どこですか。
타꾸시-노리바와도꼬데스까

■ 여기까지 오는 데 시간이 얼마나 걸립니까?

ここまで来てもらうのにどれくらい時間がかかりますか。
코꼬마데키떼모라우노니도레구라이지깡가카까리마스까

■ 택시를 불러 주시겠어요?

タクシーを呼んでくれますか。
타꾸시-오욘데구레마스까

■ 편도 한 장 주십시오.

片道一枚ください。
카따미찌이찌마이구다사이

여행

■ 여기서 기다리고 있으면 됩니까?

ここで待っていればいいですか。
코꼬데맛떼이레바이-데스까

■ 택시는 어디서 잡을 수 있습니까?

タクシーはどこで拾えますか。
타꾸시-와도꼬데히로에마스까

■ 우리들 모두 탈 수 있습니까?

私たち全員乗れますか。
와따시따찌젱잉노레마스까

■ 어디까지 가십니까?

どこまでですか。
도꼬마데데스까

■ ~까지 부탁합니다.

~までお願いします。
~마데오네가이시마스

■ 이 주소로 가 주세요.

この住所まで行ってください。
코노쥬-쇼마데잇떼구다사이

■ 병원 앞에서 세워 주세요.

病院の前で止めてください。
뵤-인노마에데토메떼구다사이

· ~の前で ~앞에서 · もう少し先で 좀 더 앞에서

Section 15

■ 지하철역까지 가 주십시오.

地下鉄まで行ってください。

치까떼쯔마데잇떼구다사이

■ 저 사거리 지나 바로 내려 주세요.

あの交差点を越してすぐ降ろしてください。

아노코-사뗑오코시떼스구오로시떼구다사이

交差点 사거리

■ 가장 가까운 길로 가 주세요.

一番近い道で行ってください。

이찌방치까이미찌데잇떼구다사이

近い道 / 近道 가까운 길, 지름길

■ 좀 더 가 주세요.

もう少し行ってください。

모-스꼬시잇떼구다사이

■ 좀 더 천천히 가 주세요.

もっとゆっくり走ってください。

못또육꾸리하싯떼구다사이

■ 서둘러 주시겠어요?

急いでいただけますか。

이소이데이따다께마스까

여행

■ 여기서 잠깐만 기다려 주시겠습니까?

ここでちょっと待ってもらえませんか。

코꼬까리춋또맛떼모라에마셍까

■ 5시까지 역에 도착해야 합니다.

5時までに駅に着きたいんです。

고지마데니에끼니츠끼따인데스

■ 여기서 세워 주세요.

ここで止めてください。

코꼬데토메떼구다사이

・止める 세우다   ・降ろす 내리다

■ 요금이 얼마나 됩니까?

料金はどれくらいになりますか。

료-낑와도레구라이니나리마스까

■ 얼마입니까?

いくらですか。

이꾸라데스까

■ 요금이 미터와 다릅니다.

料金がメーターと違います。

료-낑가메-따-또치가이마스

メーターと違う 미터와 다르다.

Section 15

■ 거스름돈은 그냥 놔 두세요.

おつりは とっておいてください。
오쯔리와 톳떼오이떼구다사이

■ 잔돈은 됐습니다.

おつりはいいです。
오쯔리와 이-데스

◐ 렌터카

부득이하게 차를 빌릴 경우가 생긴다면 정식 렌터카 회사를 통해 차를 빌립니다. 이러한 경우에는 국제면허증이 필요하며 보험은 가입되어 있는 지 반드시 체크하도록 합니다.

■ 차를 빌리고 싶은데요.
車を借りたいんですが。
쿠루마오 카리따인데스가

■ 어느 정도 운전할 예정이십니까?
どのくらい運転する予定ですか。
도노구라이 운뗀스루 요떼-데스까

~予定だ ~할 예정이다.
何時に出発する予定ですか。 몇 시에 출발할 예정입니까?

■ 차를 이틀동안 빌리고 싶습니다.
車を二日間借りたいんです。
쿠루마오 후쯔까깡 카리따인데스

여행

■ 하루동안 빌리고 싶습니다.

一日借りたいんです。
이찌니찌카리따인데스

■ 국제면허증은 있습니까?

国際免許証はありますか。
콕사이멘꾜쇼-와아리마스까

■ 어떤 차를 원하십니까?

どんな車をご希望ですか。
돈나쿠루마오고끼보-데스까

■ 어떤 차가 있습니까?

どんな車がありますか。
돈나쿠루마가아리마스까

■ 목록을 보여주시겠습니까?

リストを見せていただけますか。
리스또오미세떼이따다께마스까

■ 여기 카탈로그가 있습니다.

ここにカタログがあります。
코꼬니카따로구가아리마스

■ 대형차를 빌리고 싶은데요.

大型車を借りたいのですが。
오-가따샤오카리따이노데스가

· 大型車 대형차 · 中型車 중형차 · 小型車 소형차 · オートマチック車 오토매틱 차

Section 15

■ 오토매틱 차를 부탁합니다.

オートマチック車をお願いします。
오-또마찍꾸샤오오네가이시마스

■ 오토매틱밖에 운전하지 못합니다.

オートマチックしか運転できません。
오-또마찍꾸시까운뗀데끼마셍

■ 소형차를 원합니다.

小型の車がほしいんです。
코가따노쿠루마가호시-ㄴ데스

■ 이 차를 부탁합니다.

この車をお願いします。
코노쿠루마오오네가이시마스

■ 국제면허증을 보여 주십시오.

国際免許証をお見せください。
콕사이멘꾜쇼-오오미세구다사이

■ 보험이 들어 있습니까?

保険に入っていますか。
호껜니하잇떼이마스까

保険に入る 보험을 들다.

■ 1주간 요금은 얼마입니까?

一週間の料金はいくらですか。
잇슈-깐노료껜와이꾸라데스까

여행

■ 보험은 포함되어 있습니까?

保険は含まれていますか。
호껜와후꾸마레떼이마스까

■ 선불이 필요합니까?

前金が必要ですか。
마에낑가히쯔요-데스까

前金 선불 ↔ 後払い・後金 후불

여행

07 숙박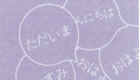

잠자리가 불편하면 여행의 즐거움이 반으로 줄어듭니다. 호텔과 여관의 예약부터 체크인, 체크아웃, 또 요구사항을 신청할 수 있도록 연습해 봅니다.

🗨 호텔/예약

호텔
예약은 필수이며 반드시 예약 확인서를 받아 둬야 합니다. 그렇지 않다가는 타국에서 오도가도 못하는 처지가 될 수도 있을 듯.

예약
한국에서 미리 예약을 했겠지만 여러 표현을 익혀 보도록 하겠습니다.

■ 예약 담당자를 부탁합니다.

予約係をお願いします。
요야꾸가까리오오네가이시마스

・予約係 예약 담당자 ・ポーター 포터

■ 방을 예약하고 싶습니다.

部屋を予約したいのですが。
헤야오요야꾸시따이노데스가

■ 성함을 말씀해 주십시오.

お名前をどうぞ。
오나마에오도-조

여행

■ 예약을 취소해 주세요.

予約を取り消してください。
요야꾸오토리께시떼구다사이

■ 예약하고 싶은데요. 가능한가요?

予約したいんですが、お願いできますか。
요야꾸시따인데스가 오네가이데끼마스까

■ 빈방 있습니까?

お部屋 ありますか。
오헤야아리마스까

・部屋 방   ・空き部屋 빈방   ・となりの部屋 옆방

■ 어떤 방을 원하십니까?

どんな部屋をご希望ですか。
돈나헤야오고끼보-데스까

■ 어떤 방으로 하시겠습니까?

どんな 部屋に なさいますか。
돈나헤야니나사이마스까

~なさいますか。하시겠습니까?
「なさる」가「ます」에 연결될 때 r모음이 탈락되어「なさい」가 된 것입니다.
何になさいますか。 무엇으로 하시겠습니까?

■ 전망 좋은 방을 부탁합니다.

眺めのいい 部屋を お願いします。
나가메노에-헤야오네가이시마스

Section 15

■ 조용한 방이 좋겠는데요.

しずかな部屋がいいんですが。
시즈까나헤야가이-ㄴ데스가

■ 싱글이 좋겠는데요.

シングルがいいと思いますが。
싱구루가이-또오모이마스가

シングル 싱글 ↔ ツイン 트윈

■ 1박에 얼마입니까?

一泊 いくらですか。
입빠꾸이꾸라데스까

· 一泊 1박   · 二泊 2박

■ 방을 보여 주시겠습니까?

部屋を見せていただけますか。
헤야오미세떼이따다께마스까

■ 하루 묵겠습니다.

一日泊ります。
이찌니찌토마리마스

■ 일주일 묵겠습니다.

一週間泊ります。
잇슈깡토마리마스

| 여행 |

■ 좀 더 싼 방은 없습니까?

もっと安い部屋はありませんか。
못또야스이헤야와아리마셍까

■ 아침식사가 포함되어 있습니까?

朝食付きですか。
초-쇼꾸츠끼데스까

朝食付き 아침식사 포함

バス付き 욕실 딸림

● 체크인

보통 2시부터 체크인하며 요금, 시설 등을 확인하도록 합니다.

■ 예약한 김입니다.

予約した金です。
요야꾸시따키무데스

■ 아까 전화로 예약했습니다.

さきほど電話で予約しました。
사끼호도뎅와데요야꾸시마시따

先程 아까, 조금 전

■ 예약을 확인하고 싶은데요.

予約を確認したいんですが。
요야꾸오카꾸닌시따인데스가

Section 15

■ 숙박카드에 기입해 주십시오.

宿泊カードにご記入してください。
슈꾸하꾸카-도니고끼뉴-시떼구다사이

■ 체크인을 부탁합니다.

チェックインをお願いします。
첵꾸잉오오네가이시마스

チェックイン 체크인 ↔ チェックアウト 체크아웃

■ 짐을 부탁합니다.

荷物をお願いします。
니모쯔오오네가이시마스

■ 이렇게 쓰면 됩니까?

これでいいですか。
코레데이-데스까

● 요구 사항

여러 가지 부족한 부분이나 불만 사항이 있을 경우 데스크에 부탁을 하면 됩니다. 방 전화에 보통 내선번호가 기재되어 있으니 염두해 두세요.

■ 열쇠를 부탁합니다.

キーをお願いします。
키-오오네가이시마스

キー / 鍵 열쇠

여행

- 식당은 몇 시에 엽니까?

  食堂は何時に開きますか。

  쇼꾸도-와난지니아끼마스까

- 방이 춥습니다.

  部屋がさむいんです。

  헤야가사무인데스

- 시트가 더러운데요.

  シートが汚れています。

  시-또가요고레떼이마스

- 불이 켜지지 않습니다.

  電気がつきません。

  뎅끼가츠끼마셍

  電気をつける 전기를 켜다.

- 옆방이 너무 시끄러운데요.

  隣の部屋がうるさいんですが。

  토나리노헤야가우루사인데스가

- 방을 바꿔 주셨으면 합니다만.

  お部屋を替えてほしいんですが。

  오헤야오카에떼호시-ㄴ데스가

440

Section 15

■ 열쇠를 맡아 주십시오.

鍵を預かってください。
카기오아즈깟떼구다사이

鍵を預かる 열쇠를 맡다.

■ ~호실 열쇠를 부탁합니다.

~号室のキーをお願いします。
~고-시쯔노키-오오네가이시마스

■ 룸서비스를 부탁하고 싶습니다.

ルームサービスをお願いします。
루-무사-비스오오네가이시마스

■ 토스트와 커피를 갖다 주세요.

トーストとコーヒーを持ってきてください。
토-스또또코-히-오못떼끼떼구다사이

■ 모닝콜을 부탁합니다.

モーニングコールをお願いします。
모-닝구꼬-루오오네가이시마스

■ 몇 시가 좋겠습니까?

何時がよろしいでしょうか。
난지가요로시-데쇼-까

■ 아침 6시에 깨워 주십시오.

朝6時に起こしてください。
아사로꾸지니오꼬시떼구다사이

441

여행

- **귀중품을 맡아줄 수 있습니까?**

  貴重品を預かっていただけますか。

  키쬬-힝오아즈깟떼이따다께마스까

- **여기, 열쇠 있습니다.**

  はい、こちらキーでございます。

  하이 코찌라키-데고자이마스

  でございます :「です」의 정중한 표현인 거 다 아시죠!!

- **예, 곧 갖다 드리겠습니다.**

  はい、すぐお持ちします。

  하이 스구오모찌시마스

- **맡긴 짐을 찾고 싶은데요.**

  預けた荷物をもらいたいんです。

  아즈께따니모쯔오모라이따인데스

- **방에 열쇠를 놓고 나왔는데요.**

  部屋にキーを置き忘れたのですが。

  헤야니키-오오끼와스레따노데스가

  置き忘れる 둔 곳을 잊어버리다.

- **여벌의 열쇠가 있습니까?**

  合鍵はありますか。

  아이까기와아리마스까

  合鍵 여벌의 열쇠

Section 15

● 체크아웃

잊어버린 물건은 없는 지 잘 확인하고 요금을 계산합니다. 체크아웃의 의사는 미리 밝혀두는 것이 좋겠죠.

■ 체크아웃 하겠습니다.

チェックアウトします。
첵꾸아우또시마스

■ 계산을 부탁합니다.

会計をお願いします。
카이께-오오네가이시마스

会計 / お勘定 계산

■ 체크아웃하고 싶은데 정산해 주시겠습니까?

チェックアウトをしたいんですが、精算してもらえますか。
첵꾸아우또오시따인데스가 세-산시떼모라에마스까

■ 하룻밤 더 묵고 싶은데요.

もう一泊泊りたいんですが。
모-입빠꾸토마리따인데스가

■ 체류를 연장하고 싶은데요.

滞在を延長したいんですが。
타이자이오엔쬬-시따인데스가

여행

■ 하루 일찍 떠나고 싶은데요.

一泊早く発ちたいんですが。

입빠꾸하야꾸타찌따인데스가

・一泊早く 하루 일찍 ・もう一泊 하루 더

■ 내일까지는 빈방이 없습니다.

あしたまでは空室はございません。

아시따마데와쿠-시쯔와고자이마셍

・空室 / 空き部屋 빈방 ・よい部屋 좋은 방 ・大きい部屋 큰 방

■ 이것이 청구서입니다.

こちらが請求書です。

코찌라가세-뀨-쇼데스

■ 이 금액은 무엇입니까?

この金額はなんですか。

코노킹가꾸와난데스까

■ 여행자수표로도 됩니까?

トラベラーズチェックでいいですか。

토라베라-즈첵꾸데이-데스까

■ 지불 방법은 어떻게 하시겠습니까?

支払い方法はどうなさいますか。

시하라이호-호-와도-나사이마스까

Section 15

■ 카드로 지불하겠습니다.

カードで支払います。
카-도데시하라이마스

~で 수단과 방법을 나타냅니다.
現金でします。 현금으로 하겠습니다.

● 여관

일본적인 문화를 만끽할 수 있는 좋은 기회입니다. 우리의 여관보다는 수준이 높으며 식사가 가능하며 풀 서비스를 받을 수 있습니다. 오히려 호텔보다 높은 수준을 자랑하는 곳도 있으니 한 번 가보고 싶지 않으세요!?

■ 방 있습니까?

お部屋ありますか。
오헤야아리마스까

■ 예, 있습니다.

はい、あります。
하이 아리마스

■ 1박에 얼마입니까?

一泊いくらですか。
입빠꾸이꾸라데스까

■ 식사 포함입니까?

食事付きですか。
쇼꾸지쯔끼데스까

445

여행

- 화장실이 딸렸습니까?

トイレ付きですか。
토이레쯔끼데스까

・トイレ付き 화장실 딸림   ・バス付き 욕실 딸림

- 푹 쉬십시오.

ごゆっくり。
고육꾸리

memo

memo